MIEUX GÉRER SES PRIORITÉS ET SON TEMPS

Éditions d'Organisation
Groupe Eyrolles
61, bd Saint-Germain
75240 Paris Cedex 05
www.editions-organisation.com
www.editions-eyrolles.com

Ce livre est une nouvelle édition de l'ouvrage publié sous le titre, *Mieux gérer son temps et ses priorités,* paru en 2007.

© Groupe Eyrolles, 2007, 2010
ISBN : 978-2-212-54697-2

Gérard RODACH

MIEUX GÉRER
SES PRIORITÉS
ET SON TEMPS

Deuxième édition

EYROLLES

Éditions d'Organisation

Du même auteur, aux Éditions d'Organisation :

– *Favoriser le bon stress dans l'équipe*

– *Développer son charisme et son leadership*

– *Faire appliquer ses décisions*

Remerciements

À Maryse, ma muse et mon inspiration.

À Julie, Jérémie, Elsa, Prune et Loïc, mes sources de régénération.

J'adresse par ailleurs tous mes remerciements à l'équipe éditoriale des Éditions d'Organisation.

Le propos de ce livre

Vous savez (ou pensez savoir) gérer vos priorités et votre temps. Bien sûr, c'est parfois volontaire et d'autres fois involontaire lorsque vous devez vous adapter aux personnes et aux situations. Alors, pourquoi lire un tel livre ? La durée et le contenu de vos activités, qu'elles soient personnelles, sociales ou professionnelles tendent à varier. Vous pouvez être satisfait ou non de l'utilisation de l'espace-temps à votre disposition. Vous pouvez à tout moment avoir envie d'en faire plus ou moins, de travailler mieux ou différemment, de mieux profiter de vos instants de repos ou de lancer de nouvelles activités…

C'est tout l'enjeu de ce livre de vous faire non seulement analyser votre rapport au temps, mais aussi de vous accompagner pour mieux répondre à vos besoins et votre gestion des priorités.

« Facile à dire ! » pouvez-vous dire. Vous avez déjà essayé de nombreux trucs et astuces (avec plus ou moins de succès), votre temps dépend des autres, vous avez des contraintes particulières, bref beaucoup de bonnes raisons pour essayer et ne pas réussir. Pourtant, vous feuilletez ce livre. Alors, laissez-nous vous donner cinq bonnes raisons d'en continuer la lecture :

- Il n'y a pas de recettes miracles pour tout bien faire ; vous pouvez toutefois grandement améliorer votre usage du temps sans des efforts surdimensionnés.

- Vous devez partir du principe que vous ne pourrez jamais faire tout ce que vous avez prévu de faire. Cependant, si vous êtes capable de réaliser ce que vous estimez être le principal, vous en tirerez une grande satisfaction. C'est ce qui s'appelle « gérer ses priorités ». Vous apprendrez à faire le distinguo entre « gérer son temps » et « gérer ses priorités ».

- Mieux gérer ses priorités suppose être cohérent avec ce que vous estimez être vos objectifs. C'est en rendant ceux-ci plus clairs dans votre esprit que vous pourrez progresser dans cette démarche. Comment les identifier ? Comment rendre prioritaire leur atteinte ?

- L'atteinte de vos objectifs passe alors peut-être par un développement de vos compétences (mieux anticiper, mesurer ses progrès, gagner du temps dans les réunions...). Vous trouverez dans ce livre de nombreux outils illustrés par des tableaux et des cas pratiques qui vous aideront dans cette voie.

- L'atteinte de vos objectifs peut être liée aussi à votre rapport à autrui (ne pas savoir dire non, savoir demander de l'aide...). Ce n'est plus seulement une affaire de compétences techniques, mais aussi une réflexion sur vous et vos comportements. Des grilles d'analyse vous faciliteront la démarche.

Pour vous aider à répondre à ces besoins, le livre est composé de cinq parties :

- Apprécier les Faits : vos réalisations et votre rapport au temps.

- Partir de vos Objectifs pour définir vos priorités.

- Développer vos Compétences en termes de gestion du temps et des priorités.

- Améliorer les Usages que vous en faites.

- Faire progresser votre Savoir-faire pour un meilleur rapport à autrui.

Chacun des chapitres composant les différentes parties comprend :

- des apports pour réussir l'étape ;

- des outils pour apprécier vos actions ;

- un ou des cas pratiques qui illustrent leur utilisation ;

- une synthèse ;

- des questions à vous poser pour vérifier l'acquisition de compétences.

Sommaire

En guise de préambule

Il y a plusieurs manières de gérer son temps et ses priorités. En voici un des aspects :

> Jean est bûcheron. C'est un homme occupé avec de lourdes responsabilités : pensez donc, s'il ne coupe pas son bois à temps, ses clients ne pourront pas se chauffer. Alors Jean abat sa hache du matin jusqu'au soir sans s'arrêter. Il s'arrête si peu qu'il n'a pas le temps de l'aiguiser et met de plus en plus de temps et d'effort pour abattre les arbres. Il prend tellement peu de repos que sa fatigue le ralentit et qu'il choisit les mauvais arbres. Il a si peu de recul qu'il ne prend pas conscience que les tronçonneuses à moteur se généralisent et que son métier a changé. Un beau jour, Jean découvre qu'il n'a plus de clients. « Je n'ai pas assez travaillé » se lamente-t-il.

Ce livre est destiné à ceux qui ne confondent pas la quantité et la qualité du travail. Peut-être que tout comme les confrères de Jean, vous réaliserez que se remettre en cause régulièrement permet de mieux, voire de moins travailler. Que faire alors du temps gagné ? Ceci est une autre histoire : c'est celle de vos priorités…

Introduction

Nous vivons une époque singulière. Beaucoup d'entre nous ont le sentiment que leur charge de travail tend à dépasser le temps dont ils disposent. Nous pourrions invoquer les trente-cinq heures (mais combien les appliquent à la lettre ?), les quarante ou cinquante jours de congés payés (en incluant les RTT), les réductions d'effectifs ou les exigences de hausse de productivité... Néanmoins, est-ce seulement la faute des autres (la hiérarchie, la mondialisation, etc.), ou sommes-nous aussi en partie responsable de cette situation ?

En effet, pourquoi gardons-nous toujours notre téléphone portable allumé, y compris en réunion ou dans les transports en commun ? Au bureau, pourquoi ne déconnectons-nous pas la petite sonnerie annonçant l'arrivée d'un nouvel e-mail dans notre messagerie ? Par ailleurs, quand répondons-nous aux e-mails que nous recevons : lors de plages de temps programmées ? ou au fil de l'eau ? Enfin, lorsque nous animons des réunions, employons-nous les techniques que nous avons apprises à ce sujet ? Sur ce dernier point, si la grande majorité des cadres ont suivi au moins un stage d'animation de réunion ou de prise de parole en public, en rencontrez-vous souvent qui appliquent les méthodes conseillées ? Les réunions commencent et se terminent souvent avec du retard, l'ordre du jour n'est que très partiellement abordé, les intervenants ne respectent pas leur temps de parole, etc.

Aussi posez-vous la question : désirez-vous réellement mieux gérer votre temps ?

« Oui, affirment la plupart des gens, nous souhaitons en effet prendre du recul, travailler en profondeur nos projets et avoir du temps pour communiquer avec nos collègues et collaborateurs. Toutefois, ce n'est pas de notre faute si nous n'y parvenons pas, car les priorités changent constamment, les projets s'amoncellent (un projet ne chasse pas l'autre), et après tout, nous ne sommes que des exécutants… »

La situation est-elle si désespérée ?

Reconnaissez tout d'abord votre part de responsabilité : vous aimez réaliser ce qui vous plaît en premier ; vous préférez souvent les tâches urgentes et rapides au travail de fond ; vous vous complaisez dans l'agitation…

Il est vrai que l'action rapide procure de l'euphorie (grâce à une sécrétion d'adrénaline) et que nous confondons fréquemment le temps passé au bureau et le travail réalisé. À Paris, les lamentations sur l'heure de départ le soir (20 heures ou 21 heures) sont de bon ton, mais personne n'évoque l'heure d'arrivée (9 h 30 ou 10 heures). De même, arriver en retard à une réunion le téléphone à la main donne une excuse valorisante : « Excusez-moi, j'ai eu un appel important… » – sous-entendu « plus important que votre réunion ».

Si vous appréciez ce genre de situation, refermez tout de suite ce livre, sous peine de culpabiliser. Offrez-le à votre conjoint ou à vos enfants et attendez qu'un jour ils tirent le signal d'alarme en vous conseillant de le lire.

En revanche, si vous en avez assez de courir après le temps, de sauter des repas et de devoir rattraper votre retard le week-end, alors nous avons des idées à échanger.

Pour améliorer la gestion de vos priorités, vous allez passer par cinq étapes :

• Apprécier les Faits : vos réalisations et votre rapport au temps.
  À date, votre manière de faire, en termes de gestion des priorités, vous donne-elle satisfaction ? Cette question inclut tout aussi bien vos méthodes (en termes d'organisation, par exemple), que vos attitudes et comportements (goût de la perfection, plaisir du multitâche). C'est le constat de la situation. Il n'est ni bien ni mal,

il est le résultat de votre activité et de votre personnalité. C'est votre point de départ.

- Partir de vos Objectifs pour définir vos priorités.

Il correspond à votre ambition, à votre vision de l'avenir, à ce que vous comptez entreprendre. Ce n'est ni l'objectif que vous donne votre entreprise, ni ce que vous souhaitez faire dans 15 ans, mais tout simplement votre horizon à 12-18 mois. Si vous l'avez atteint, vous serez heureux. Cela peut être de parvenir à une position hiérarchique, un savoir-faire dans votre métier, une forme de rapport entre travail et vie privée, une équipe plus performante… Si c'est cela votre objectif, qu'êtes-vous prêt à faire pour y arriver ? Attendre passivement, ou faire chaque jour un petit effort dans cette direction ?

- Développer vos Compétences en termes de gestion du temps et des priorités.

Cela signifie traduire dans vos actions au quotidien les bonnes résolutions de l'étape précédente. Vos attitudes et comportements sont-ils en accord avec votre objectif ? Peut-être découvrirez-vous que vous avez été un peu trop ambitieux, peut-être ce sera l'inverse…

- Améliorer les Usages que vous en faites.

« Hâtez-vous lentement ; et, sans perdre courage, vingt fois sur le métier remettez votre ouvrage… » dit le poète Boileau (L'Art poétique). Vos méthodes actuelles sont-elles toujours adaptées ? Quelles méthodes peuvent vous être utiles pour progresser ? Certaines remises en cause peuvent vous ouvrir de nouveaux horizons.

- Faire progresser votre Savoir-faire par un meilleur rapport à autrui.

Quel rapport avez-vous avec les autres (au niveau des priorités) ? Ces derniers viennent-ils vous voir et vous solliciter ? Ou est-ce vous qui allez plutôt vers les autres ? Les organisations transverses dans les entreprises, les outils et modes de communication électroniques et l'émiettement des tâches ont rendu tout un chacun dépendant des autres. Comment mieux collaborer ? Comment aussi savoir fixer des frontières et dire « non » ?

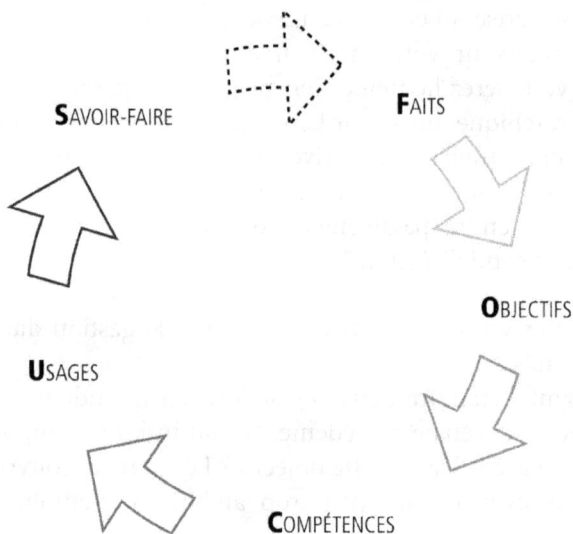

SAVOIR-FAIRE   **F**AITS

OBJECTIFS

USAGES

COMPÉTENCES

Notre méthode « FOCUS » vous permettra de mieux centrer vos efforts sur l'essentiel pour vous.

Pourquoi appeler cette méthode « FOCUS » ?

Focus est un mot latin qui veut dire « foyer », c'est le lieu où plusieurs choses se concentrent. Il est la racine du mot « focalisation » en français qui peut être synonyme de concentration. Ce mot s'emploie également tel quel en anglais. Vous le retrouvez notamment dans les domaines suivants :

• en informatique (interface graphique) ;

• dans la photographie, il est synonyme de mise au point ;

• dans les médias, il désigne un article de presse faisant le point sur une information précise[1].

Mieux gérer vos priorités, c'est savoir vous concentrer sur l'essentiel.

Les cinq parties de ce livre développent ces thèmes. À la fin, vous trouverez, en guise de synthèse, quelques outils vus tout au long de cette démarche pour vous permettre de bâtir votre plan de progrès.

Bonne lecture !

© Groupe Eyrolles

---

1. Extrait de *Wikipédia*, l'encyclopédie en ligne.

PARTIE 1

APPRÉCIER LES FAITS : SES RÉALISATIONS ET SON RAPPORT AU TEMPS

SAVOIR-FAIRE

FAITS

OBJECTIFS

USAGES

COMPÉTENCES

PARTIE 1

1

Analyser son activité

Débordé avec pourtant le sentiment d'être organisé, nous le sommes tous… chacun à notre manière. Notre organisation est-elle adaptée à nos moyens et à nos besoins ?

Vous reprochez peut-être souvent aux autres votre planning surchargé. Peut-être pourriez-vous commencer par vous interroger sur vos propres pratiques en analysant votre activité et la répartition de vos principales tâches. Vous serez alors à même de savoir si vous êtes proactif[1] et de définir votre marge de liberté : vous sentez-vous proactif ? Partir de la réalité, voilà votre première étape.

HIÉRARCHISER LE TEMPS PASSÉ

Analyser son activité, c'est d'abord prendre conscience de ses activités, puis apprécier le temps que vous y consacrez avant de vérifier votre intuition.

Prendre conscience de ses tâches

Vos activités au travail varient en fonction de votre poste (ex. manager ou collaborateur), de votre métier (ex. administratif ou commercial), de la culture de votre entreprise (ex. plus ou moins de réunions) et… de vous-même.

En effet, à poste équivalent dans un même département d'une même entreprise, la part consacrée à chacune des activités peut

© Groupe Eyrolles

---

1. Une personne proactive est celle qui « anticipe les attentes et prend l'initiative de l'action. » (*Le Petit Robert*)

varier grandement en fonction des nécessités (une situation qui vous est spécifique, par exemple), de ce que vous aimez faire ou non, ainsi que de la façon dont vous agencez vos priorités.

Voici huit rubriques pour classer vos activités. Le nombre de huit peut vous paraître trop petit ou trop grand selon votre métier. Vous êtes libre de le modifier, mais prenez garde qu'un nombre d'activités trop grand est rapidement ingérable et un nombre trop faible, sans réel intérêt. Celui que nous vous proposons est fondé sur notre expérience.

Stratégie et travaux à moyen terme

Cet item regroupe toutes les tâches qui relèvent de la prévision et de l'anticipation : vous y incluez pêle-mêle les prévisions budgétaires, les plans d'actions, les réunions de travail sur les perspectives à moyen/long terme... En bref, cela regroupe toutes les tâches qui vous donnent et vous font partager un cadre de référence sur le potentiel futur de votre activité.

Plus vous montez dans la hiérarchie, plus ces tâches occupent une part importante de votre activité que vous considérez comme essentielles. En revanche, si vous êtes manager de proximité, votre horizon est à plus court terme et vous pouvez considérer ces tâches comme mangeuses de temps. À chacun son ressenti !

Les aspects opérationnels

Ce sont les actions liées directement à l'atteinte de vos objectifs.

- un commercial y met toutes les tâches de préparation et de suivi de ses contacts clients (prospection, prise de rendez-vous, suivi des entretiens clients...) ;
- un administratif, les dossiers traités ;
- un manager, toutes les actions relatives au suivi et à l'animation de son équipe ;
- ...

Les réunions

Ce sont les réunions que vous avez avec votre équipe, avec vos collègues... En somme, toutes celles qui permettent une bonne circulation de l'information au sein de l'entreprise et éventuellement des prises de décision.

Ces réunions peuvent se faire en salle, au téléphone, en visioconférence… Le nombre de participants peut varier de trois à l'infini. Considérez les réunions comme des moments où même si vous êtes concerné, vous n'êtes pas impliqué totalement : certains sujets ne vous concernent pas ou peu, la réunion peut se tenir sans vous…

Les entretiens en face-à-face

Ce sont tous les entretiens que vous avez avec des collaborateurs, des clients ou des collègues en interne. Vous les distinguerez des réunions dans le sens où, durant ces entretiens, vous êtes impliqué à 100 %.

Ils vous demandent souvent aussi plus d'énergie et de concentration. Le résultat dépend en grande partie de vous (votre interlocuteur a aussi son mot à dire !).

Le traitement des urgences

C'est tout ce qui ne relève pas de vos tâches habituelles et qui n'est pas lié à votre activité. Vous pouvez avoir un métier qui comprend, au niveau opérationnel, des situations d'urgence. C'est le cas, par exemple, des services après-vente qui gèrent l'urgence comme une tâche régulière. Dans ce cas, cela relève de l'opérationnel (le temps de travail des managers inclut ce paramètre) et non du traitement des urgences dont nous parlons ici.

En revanche, les urgences qui sont liées à l'activité d'autres services (comme compenser un problème lié à une défaillance indépendante de votre volonté – ex. panne d'informatique, problème imprévu de livraison) et qui entraînent un surcroît de travail non prévu, relèvent de cette activité.

Les tâches administratives et temps morts

Ce sont celles qui n'ont pas de valeur ajoutée pour vous, mais servent à d'autres services. Les temps morts sont les temps perdus en transport et attentes diverses.

Si vous êtes un financier, la mise à jour d'un budget est un élément opérationnel clé. En revanche, pour un opérationnel, le *reporting* est souvent perçu comme une tâche sans intérêt.

Le développement de vos compétences personnelles

Il s'agit ici des actes volontaires pour développer vos compétences : formation, lectures…

Ce développement peut être à votre initiative ou imposé par votre employeur. Il peut vous être ainsi demandé de suivre des formations qui ont pour vous un intérêt limité.

Le développement des compétences de vos collaborateurs

Les actions qui y contribuent sont variées : élaboration d'un plan de formation, délégation de tâches (avec le temps prévu pour le transfert de compétences), tutorat…

Il s'agit d'actions spécifiques qui peuvent être mêlées à des entretiens, par exemple.

Apprécier le temps passé

Utilisez la roue ci-après et classez ces huit activités de un à huit (le chiffre « un » correspondant à l'activité qui prend le plus de temps).

Cela correspond-il à ce que vous souhaitez ? Que souhaitez-vous améliorer ? Comment vous y prendre ?

	Vos activités actuelles classées de 1 à 8 (1, l'activité la plus importante)	Votre objectif	Les sources d'amélioration possibles
Stratégie et travaux à moyen terme			
Aspects opérationnels			
Réunions			
Entretiens en face-à-face			
Urgences			
Tâches administratives			

	Vos activités actuelles classées de 1 à 8 (1, l'activité la plus importante)	Votre objectif	Les sources d'amélioration possibles
Développement de vos compétences personnelles			
Développement des compétences de vos collaborateurs			

FIGURE 1. La répartition du temps de travail

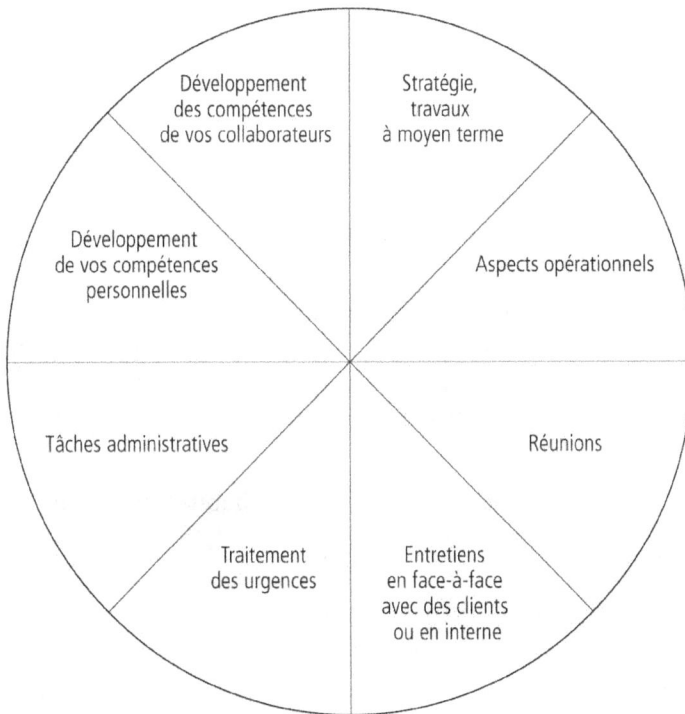

Confronter l'intuition à la réalité

Quel est votre premier objectif d'amélioration ?

Vous pouvez souhaiter vérifier cette répartition. Attention toutefois de ne pas tomber dans l'écueil classique de ce genre de démarche, qui est de perdre trop de temps à vouloir apprécier le temps consacré à chaque activité.

Voici une méthode qui vous évite ce piège :

- prenez tout d'abord quelques instants pour classer les tâches ci-dessus au préalable selon votre intuition ;
- utilisez la grille ci-après que vous remplirez par demi-journée durant une semaine, en y indiquant une durée globale (ou un pourcentage) ;
- comparez votre intuition et la réalité de la semaine (tableau ci-contre).

Quelles conclusions en tirez-vous ? Y a-t-il des activités sous-estimées ou surestimées ?

Après avoir consolidé vos résultats, prenez conscience des buts que vous vous êtes fixés, consciemment ou inconsciemment. La part consacrée à chaque activité est-elle en adéquation avec ceux-ci ? Toutes les semaines ne se ressemblent pas. Alors tenez compte d'une tendance si votre activité est variable dans le temps.

Le cas pratique qui se trouve à la fin du chapitre illustre un mode d'analyse de vos résultats.

Et vous ?

Êtes-vous de ceux à décider de commencer demain l'analyse de votre journée, parce que ce sera plus calme ?

C'est le premier pas qui compte, à moins que vous n'arriviez pas à prendre vos congés... Dans ce cas-là, vous confondez quantité de travail et qualité.

Vos choix de priorités ne sont pas neutres.

Posez-vous la question de leur sens.

	Stratégie	Activité opérationnelle	Réunions	Entretiens	Urgences	Administratif	Vos compétences	Compétences Collaborateurs
Exemple	5 %	15 %	30 %	20 %	20 %	10 %	0 %	0 %
Mon intuition								
J1 matin								
J1 après-midi								
J2 matin								
J2 après-midi								
J3 matin								
J3 après-midi								
J4 matin								
J4 après-midi								
J5 matin								
J5 après-midi								
Total								
Classement								

APPRÉCIER SA PART DE PROACTIVITÉ

Vous pouvez avoir le sentiment d'être débordé et ne pas avoir de prise sur votre agenda.

Pourtant, faites l'exercice suivant : regardez dans votre agenda les tâches effectuées. Quelles sont celles qui vous semblent dépendre de votre libre choix ?

En fait, il y a :

- celles qui vous sont imposées à un certain moment et une certaine heure (ex. des réunions où vous êtes expressément invité) ;
- celles où vous avez une certaine marge de manœuvre (ex. vous devez aller voir un client, mais vous avez la liberté du moment, voire du lieu de rencontre) ;
- celles qui sont laissées à votre entière appréciation (ex. prendre le temps de lire un document).

EXERCICE : ANALYSEZ VOTRE AGENDA SUR UNE SEMAINE

% du temps d'activités imposées	% du temps d'activités avec une certaine marge de manœuvre	% du temps consacré à des activités avec la pleine maîtrise du moment et du lieu	Quelles conclusions en tirez-vous ? Vos marges de progrès ?

Lorsque vous analysez vos activités, vous constatez par exemple que vous maîtrisez environ 40 à 60 % de votre temps (colonne 2 et 3)…

Cela ne veut pas dire que vous vous sentez « décideur ». Pourquoi ? Parce que votre liberté d'action est limitée : ces réunions sont plus ou moins obligatoires ou, à tout le moins, intégrées dans une routine. Finalement, vous réalisez que votre marge de manœuvre est faible sur vos 40 % de temps dit *proactif.*

Ce paradoxe s'explique : ce n'est pas parce que vous choisissez la manière d'employer votre temps que vous le gérez correctement.

Au sens large du mot, la proactivité est la liberté de manœuvre possible sur la gestion des tâches imposées. Plus précisément, c'est la capacité à organiser ses priorités et celles de son équipe dans le but de mieux travailler – ou de faire travailler – à court ou moyen terme. Ainsi, l'autonomie dans le travail ne se traduit pas uniquement par le temps dont vous disposez, mais aussi par les marges de manœuvre et de responsabilité qui vous sont accordées.

Pour vous sentir proactif, vous devez impérativement vous donner les moyens d'atteindre les objectifs que vous vous êtes fixés précédemment. Vous transformerez alors du temps *subi* en temps *choisi*, et deviendrez capable d'anticiper et d'être force de proposition.

Et vous ?

Pensez-vous que tout le monde s'épanouit dans les mêmes conditions que vous ?
Apprenez à connaître ceux qui vous entourent pour mieux les comprendre.

Partagez vos priorités avec votre responsable.
Intégrez aussi les siennes, vous éviterez ainsi des surprises en termes d'urgence.

CERNER SES BESOINS

Vous lisez ce livre avec peut-être un objectif clair ou bien pour compenser un manque. Le début de ce chapitre peut vous conduire à de nouvelles questions ou apporter quelques éclairages. Avant d'aller plus loin, il est important que vous identifiiez vos besoins. Est-ce une démarche globale que vous recherchez ou bien pensez-vous vous concentrer sur un ou plusieurs thèmes ?

Les besoins associés à la gestion du temps

Vous pouvez être tenté de sauter certains passages et d'arriver plus rapidement à ceux qui vous interpellent, voire à LA solution que vous cherchez. Disons le tout net : il n'y a pas de bonne solution tout comme il n'y en a pas de réellement mauvaise. La bonne gestion des priorités pour vous est celle qui vous convient en fonction de votre personnalité, de vos objectifs, des concessions que vous êtes prêt à faire et de votre environnement. L'intérêt d'une démarche est de vous assurer de ne rien omettre. Maintenant, il est possible que des lectures antérieures, des formations ou un travail personnel vous aient déjà fait progresser sur ce chemin.

Alors, pour vous faciliter ce choix (tout lire ou aller à l'essentiel pour vous) voici une rapide présentation du déroulement de la démarche.

Vous êtes maintenant à mi-chemin de la première partie où vous prenez conscience de votre façon de faire. Après avoir fait un point sur vos activités, vous allez, dans le chapitre suivant, prendre conscience de votre relation au temps. C'est un instantané de la situation dans laquelle vous vous trouvez et de la façon dont vous la vivez : les FAITS.

La deuxième partie traite de vos OBJECTIFS. Vouloir mieux gérer ses priorités, c'est bien, mais dans quelle intention ? Où souhaitez-vous aller ? (chapitre 3) Prendre conscience de son objectif, c'est se fixer un but et, par là même commencer à organiser son temps (chapitre 4).

La troisième partie est orientée sur l'évolution de vos COMPÉTENCES : comment arriver à maintenir le cap coûte que coûte malgré le flot des urgences et des sollicitations (chapitre 5) ? Comment aussi équilibrer les différentes facettes de votre vie (privée, sociale et professionnelle) ? (chapitre 6)

La quatrième partie aborde le domaine du développement de vos USAGES et habitudes : savoir sortir de ceux-ci pour mieux anticiper, partager ses priorités, mieux animer ses réunions et plus généralement ses entretiens (téléphoniques ou en face-à-face) pour gagner du temps (chapitres 7 et 8).

La cinquième et dernière partie est davantage en rapport avec autrui : savoir dire non, oser demander de l'aide… voici des actes qui demandent non seulement du SAVOIR-FAIRE, mais aussi une connaissance de soi et de ses limites (chapitres 9 et 10).

Vous hésitez encore entre tout lire et ne lire que des parties de l'ouvrage ? Voici, page suivante, un autodiagnostic pour vous y aider.

Les risques de la spirale négative

Que risquez-vous ? D'entrer dans une spirale négative de l'urgence.

FIGURE 2. Cycle de l'urgence

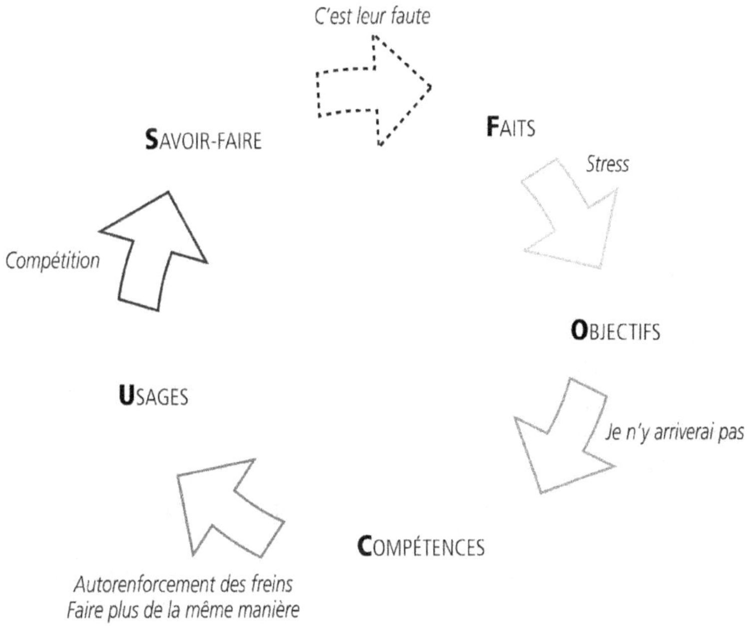

Autodiagnostic

Indiquez dans le tableau suivant si vous êtes en accord avec les affirmations proposées.

		Tout à fait d'accord	Plutôt d'accord	Plutôt en opposition
1	Il est impératif de remettre régulièrement en question ses méthodes de travail.			
2	Pour éviter de se retrouver « piégé » par les urgences, il est nécessaire d'avoir une grille des priorités partagée avec son responsable et ses collaborateurs.			
3	Savoir tirer parti de l'expérience des autres et vouloir garder ses habitudes est antinomique.			
4	Planifier consiste en partie à se donner une marge de liberté pour gérer les imprévus.			
5	En effectuant un tri entre ce que nous *aimons* faire et ce que nous *devons* faire, il est possible de gagner du temps.			
6	Je sais m'organiser pour avoir des séquences de travail productives.			
7	Le travail en réunion est à la fois source d'échanges, d'actions et de décisions.			
8	Conscient que mes équipiers n'ont pas le même rapport au temps que moi, j'en tiens compte dans mes relations avec eux.			
9	Je sais trouver un juste équilibre entre *agir* et *réagir*.			
10	Je sais résister aux pressions de ma hiérarchie pour protéger mon équipe projet.			

Comptez + 5 points par réponse « Tout à fait d'accord », + 2 points par « Plutôt d'accord » et - 2 points par « Plutôt en opposition » :

– entre 40 et 50 points, vous êtes normalement paré pour gérer vos priorités ;

– entre 15 et 39 points, vous avez une marge de progrès. Les conseils de cet ouvrage devraient vous être utiles ;

– moins de 15 points, voyez-vous réellement l'intérêt de mieux gérer votre temps ? Il serait bon de vous interroger sur vos motivations…

Quels sont les syndromes que vous observez dans votre gestion du temps et des priorités à ce stade ?

	Oui	Non
Je n'y arriverai pas		
J'ai le sentiment de toujours faire plus de la même manière		
Je suis en compétition avec les autres		
C'est leur faute si je n'y arrive pas		
Stress		

Savoir s'interroger

Quelques interrogations à propos de vos réponses :

- *Je n'y arriverai pas* : ce sentiment est lié à l'image que vous avez de vos objectifs (les vôtres ou ceux de votre entreprise). Ce manque de confiance dans votre capacité à atteindre vos objectifs peut être dû à une gestion des priorités non adaptée, à des urgences qui vous empêchent de faire ce que vous voudriez faire pour progresser ou bien encore à votre difficulté de savoir dire non.

- *J'ai le sentiment de toujours faire plus de la même manière* : plus vous allez vite dans votre travail, plus vous êtes tenté de le faire de la même manière. Aussi, sortir de cette spirale infernale suppose intégrer de nouvelles méthodes. Facile à dire, pourriez-vous penser, encore faut-il avoir la possibilité de prendre un peu de recul… ou savoir demander de l'aide.

- *Je suis en compétition avec les autres* : ce sentiment de compétition est-il réel (culture d'entreprise) ? ou lié à vos propres croyances ? Que ce soit en réunion ou dans le rapport en face-à-face, vous devez d'abord être clair avec vous-même et vos objectifs avant de travailler sur votre relation à autrui.

- *C'est leur faute, si je n'y arrive pas* : cette soumission aux autres, cet abandon provient souvent d'une difficulté à atteindre les objectifs qui vous ont été définis dans le respect d'une bonne relation à autrui. Aujourd'hui, pratiquement personne n'a d'objectif qui ne dépend que de lui. Il est possible que votre environnement ne vous facilite pas les choses, mais votre insuccès ne lui profitera pas non plus. Peut-être qu'en retravaillant vos relations avec les autres, vous pouvez trouver de l'aide et du soutien.

- Stress : le stress est difficile à cerner, parce que chacun y met un sens différent. Le mot définit, entre autres, la sensation éprouvée et la réaction de l'organisme. Les cinq principales causes de stress sont la charge de travail, la pression du temps, les relations inter-personnelles, les valeurs et le changement. Vous trouverez dans cet ouvrage des informations plus particulièrement sur la charge de travail, la pression du temps et les relations interpersonnelles.

Tout au long de ce livre, des outils et des méthodes vous aideront à travailler ces points.

Êtes-vous de ceux à reporter la faute sur les autres ou à vous en prendre à vous-même ?

Les problèmes de gestion du temps et des priorités sont la partie émergée d'un iceberg : cela peut cacher toutes sortes d'interrogations… et de sources de progrès.

Les modes de progrès sont variés.
Trouvez la ou les méthodes qui vous conviennent.

SYNTHÈSE

Nous estimons avoir plus de travail que nous ne pouvons en accomplir dans le temps imparti. Un premier pas vers une gestion correcte des priorités consiste à analyser son activité, pour tenter de comprendre la répartition des tâches effectuées au quotidien.

Vous avez pris conscience, à ce stade, de quelques réalités que vous n'ignorez pas (ex. la part de l'urgence), mais aussi d'autres plus inattendues.

Les managers qui font cette étude réalisent qu'ils sous-estiment certaines activités mangeuses de temps comme les temps morts, et surestiment le temps passé en réunion. Par ailleurs, la part qu'ils laissent au développement de leurs compétences ou de celles de leurs collaborateurs est souvent faible, bien qu'ils soient conscients que c'est par ce levier qu'ils pourront atteindre leurs objectifs dans le futur. Enfin, ils sous-estiment leur marge de proactivité.

Comment remédier à ces différents constats ? Suffit-il de quelques outils et d'un peu de méthode ? Pas si simple ! Il se peut que ce mode de fonctionnement vous plaise et que vous n'ayez guère envie d'en changer, ou bien encore que vous ayez encore plus peur d'un nouveau mode plus structuré et plus contraignant.

Il n'existe pas de méthode unique et parfaite de rapport au temps. Vouloir progresser suppose d'abord de prendre conscience de son rapport au temps pour trouver des approches qui correspondent à ses besoins. La bonne solution est celle qui vous convient. Cela nécessite de mieux connaître votre rapport au temps. C'est l'objet du prochain chapitre.

Cas pratique

Quand Martine est devenue responsable il y a un an, son encadrant lui a confié : « La clef du succès de ce poste, c'est la capacité à prendre du recul par rapport à l'opérationnel. » Martine n'a pas dû trouver cette clef, puisqu'elle est depuis lors constamment débordée, même en restant jusqu'à 20 h 30 au bureau. Ses pairs ont le même sentiment qu'elle.

L'annonce de nouveaux objectifs – qui peuvent se traduire par « une charge de travail plus importante pour des moyens équivalents » – est la goutte d'eau qui fait déborder le vase. Trop, c'est trop ! Martine profite d'une réunion avec quelques collègues pour brandir l'étendard de la révolte. Elle leur propose de protester de concert. Pour étoffer leurs arguments, ils décident de chiffrer le temps passé sur chacune de leurs activités.

« Facile ! s'enthousiasme Thierry. J'ai suivi une formation à la gestion du temps. Il suffit de définir les huit types de tâches que nous accomplissons régulièrement et de les classer de 1 à 8 en fonction du temps que nous leur consacrons (1 pour l'activité principale). Donnons-nous une quinzaine de jours pour effectuer ces relevés. »

La décision est prise à l'unanimité, et les quatre compères choisissent les huit activités à apprécier.

Trois semaines plus tard, ils se réunissent à nouveau et mettent en commun leurs résultats. Depuis leur dernière entrevue, Martine a approximativement noté à la fin de chaque demi-journée le temps consacré aux différentes tâches : 70 % de son temps est absorbé par les réunions, les projets et les urgences. Elle n'est guère étonnée : « J'ai des arguments pour l'expliquer ! »

Arrivée dans la salle de réunion, elle reporte ses chiffres sur le tableau dessiné par Thierry. Les chiffres des quatre collègues sont assez similaires.

	Martine	Thierry	Marc	Claude
Stratégie et travaux à moyen terme	5	4	3	5
Aspects opérationnels des projets	2	1	5	1
Réunions	1	2	1	3
Entretiens	4	7	2	4
Urgences	3	3	4	2
Tâches administratives	6	8	6	8
Développement de ses compétences personnelles	8	6	8	7
Développement des compétences de ses collaborateurs	7	4	7	6

Marc suggère de répartir le temps entre les tâches qu'ils décident ou conduisent et celles qui leur sont imposées. « Par exemple, leur explique-t-il, vous avez parfois la charge d'une réunion et vous avez alors une certaine liberté quant à sa durée et à son organisation. À l'opposé, il arrive que vous soyez "convié" à une réunion durant laquelle votre participation active ne sera peut-être que d'un quart d'heure sur une durée totale de deux heures. »

Martine consulte son agenda : sur les 30 % de temps passé en réunion, elle a été organisatrice et maître de la réunion dans la moitié des cas, soit 15 % du temps total.

Au bout de quelques minutes, chacun présente ses résultats. Au total, Martine estime avoir la main sur 40 % de son temps.

	Martine	Thierry	Marc	Claude
Pourcentage de tâches « décidées »	40	50	40	60

Tous réalisent alors qu'ils sont maîtres de leur temps (dans une certaine mesure) dans 50 % des cas en moyenne. « Comment dire que nous sommes débordés par la faute des autres si nous sommes décideurs pour une grande partie de notre travail ? » se demandent-ils.

Martine se remémore les paroles de son responsable lors de son dernier entretien individuel : « J'attends de toi que tu développes tes compétences et celles de tes collaborateurs. Nos enjeux à un an exigent que nous progressions pour atteindre nos objectifs. »

Elle lui avait alors rétorqué : « Pour cela, il faudrait :

* que je sois moins souvent interrompue dans mon travail par le téléphone, les réunions imprévues, les e-mails urgents dont les réponses "ne prendront que quelques instants" ;

- que je sache faire face aux demandes urgentes de dernière minute ;
- que je ne sois pas toujours "sous pression" en raison de modifications d'échéances ou de décisions qui n'arrivent pas ;
- que j'aie le temps de m'organiser calmement. »

Son responsable, un peu surpris, lui avait alors suggéré de déléguer plus et proposé un stage sur la gestion du temps. « Mais je n'ai pas le temps ! » s'était insurgée Martine.

Avant de retourner le voir, elle reprend sa liste et cherche des pistes de progrès :

	Mes activités actuelles	Mes objectifs	Les sources d'amélioration possibles
Stratégie et travaux à moyen terme	5	8	À regrouper avec relations internes et externes
Aspects opérationnels	2	1	Se concentrer sur ce qui me concerne
Réunions	1	2	Moins de temps = Demander aux collaborateurs concernés d'y assister
Entretiens	4	6	À regrouper avec stratégie à moyen terme
Urgences	3	4	Moins de temps = Déléguer les urgences aux collaborateurs concernés
Tâches administratives	6	7	Moins de temps = Revoir mes méthodes
Développement de ses compétences personnelles	8	3	Plus de temps = Développer mes compétences pour gagner du temps et développer le savoir-faire de mon équipe
Développement des compétences de ses collaborateurs	7	5	Pus de temps = Les faire monter en compétences pour déléguer des tâches à plus haute valeur ajoutée

Martine réalise qu'elle ne s'en sortira que par une remise à plat de ses priorités et une montée en compétences de toute son équipe (elle incluse).

▬ Loi de Taylor[1]

L'ordre dans lequel nous effectuons une série de tâches influe directement sur le temps qu'elles nous prennent.

1. Frédérick Winslow Taylor (1856-1915), ingénieur américain, est le fondateur du management scientifique du travail. Il a formalisé et standardisé les méthodes, les outils et les connaissances.

2

Le temps, une notion très personnelle...

Vos priorités sont clairement définies à la fois par votre environnement (votre entreprise, votre équipe) et par vous. « Les jours sont peut-être égaux pour une horloge, mais pas pour un homme », disait toutefois Marcel Proust. Vous connaissez autour de vous des personnes qui ont une conception du temps différente de la vôtre. Ces divergences peuvent s'avérer catastrophiques, tant au sein d'une équipe qu'auprès des interlocuteurs externes. Il peut donc être utile de savoir reconnaître la manière dont chacun fonctionne, afin de faciliter vos rapports. En fait, nombre d'entre nous regardons le monde à travers notre conception du temps. Et si nous n'avions pas tous le même regard ? Existe-t-il une méthode pour les analyser ? Comment réagir face à des regards différents et surtout, comment inciter l'autre à relativiser sa vision du temps ? Voici trois clés complémentaires pour décoder vos comportements : les « petites voix », les différents modes d'organisation et la structure du temps.

VOS PETITES VOIX

Dans les années 1970, le psychologue américain Taibi Kahler a démontré que nous enracinons en nous, très jeunes, des « messages contraignants » qui nous font agir d'une certaine manière. Ces réflexes, dont nous ne sommes pas conscients, jouent le rôle de « petites voix » qui nous guident dans nos actions.

Taibi Kahler a identifié cinq messages contraignants. Tous sont présents chez chacun de nous ; certains sont dominants (un ou deux), d'autres très faibles. Découvrez, grâce aux signes décrits ci-dessous, la voix qui vous domine.

Sois parfait

Vous avez besoin d'atteindre la perfection, ce qui vous conduit à tout contrôler. Votre sens du détail peut vous amener à perdre le contact avec la réalité. Vous n'aimez guère déléguer, surtout si vos collaborateurs n'ont pas le même sens de la précision que vous. Il arrive aussi que vous vous fixiez des contraintes très au-dessus de la norme.

Peut-être reconnaissez-vous quelqu'un de votre entourage dans ce portrait... Son succès professionnel vient sûrement de la qualité de son travail. Toutefois, le revers de la médaille est qu'une telle personne fait preuve de productivisme et d'un manque de recul. Ce comportement pourrait être un frein à sa progression dans la hiérarchie : plus elle « monte », plus elle doit déléguer et faire confiance. Or, déléguer n'est pas le point fort du « Sois parfait ».

Sois fort (ou ne montre rien)

Vous souhaitez vous débrouiller seul et ne montrez aucune faiblesse. Parfois très réservé, vous ne vous donnez pas le droit à l'erreur. Sous un autre angle, comme vous devez y arriver seul coûte que coûte, vous êtes capable de trouver des solutions innovantes.

Le « Sois fort » va au plus vite et rend son travail dans les temps, sans suivre cependant à la lettre les consignes demandées. Le choc peut être alors explosif avec un « Sois parfait », les deux conceptions s'opposant.

Dépêche-toi

Vous adorez les contraintes de dernière minute et la précipitation. Dans une période de calme, vous traînez, recommencez dix fois le travail, pour finalement le réaliser à la dernière minute en catastrophe (sans forcément le bâcler). Vous adorez la pression et la bousculade. En revanche, il ne faut pas vous confier un travail répétitif et structuré !

Le « Dépêche-toi » calcule souvent au plus juste. Des urgences de dernière minute peuvent bouleverser son planning. Ce n'est pas grave pour lui, puisqu'il adore cette forme de pression.

Fais plaisir

Vous avez besoin d'être aimé et reconnu. Très souvent sollicité par des demandes sans rapport avec vos objectifs, vous vous retrouvez vite débordé.

Le « Fais plaisir » est souvent bien organisé. Il commence son travail dans les temps. Néanmoins, comme il ne sait pas refuser son aide aux autres, il est vite dépassé par les demandes. Bien plus, il n'ose parler à personne de sa charge de travail, pas même à son responsable, jusqu'au moment où il doit concéder qu'il est en retard.

Essaie encore

Selon vous, seule la quantité compte. Vous concevez la vie comme difficile. Toutefois, vous confondez quantité et qualité. Rappelez-vous quand vous passiez des examens : « J'ai échoué et pourtant j'ai passé dix-huit heures sur ce sujet. » Vous travaillez beaucoup en songeant que vos efforts finiront par payer. Peut-être…

Comment s'organise réellement le « Essaie encore » ? Que fait-il de son temps ?

Nous sommes tous soumis à ces cinq messages contraignants, mais à des degrés divers. Le comble est qu'il arrive que deux voix dominantes soient antinomiques (« Sois parfait » et « Fais plaisir » par exemple) : un choc en termes de gestion des priorités est à prévoir !

S'il est important de repérer nos messages prépondérants, il est aussi intéressant de noter ceux qui sont les plus faibles.

Comme précisé au début de ce chapitre, vous avez ces cinq « petites voix », mais dans des proportions variées. Pour aller plus dans cette approche, vous pouvez :

- soit faire un test ; vous en trouverez plusieurs sur internet :
  - http://www.analyse-transactionnelle.com/Messages/Messages.html
  - http://logicoach.fr/main.php?qtnrtest=328
  - http://isabelled.unblog.fr/2008/04/30/quels-sont-vos-messages-contraignants/

  À vous d'apprécier leur valeur !

- soit préférer l'autodiagnostic ; voici quelques questions à vous poser :
  - quelles sont les « voix » qui vous interpellent le plus (vous vous dites « c'est bien moi ») ?
  - et celles qui vous semblent ne pas vous ressembler ?
  - quels sont leurs avantages dans vos tâches ?
  - et dans vos relations aux autres ?
  - sont-elles en adéquation avec votre fonction ?

- ou observer vos comportements (et ceux des autres).

Message contraignant	Expressions utilisées	Attitude
Sois parfait	Des mots qui nuancent, mais sans valeur pour la compréhension : certainement, probablement, peut-être…	Raide, bien droit
Sois fort	Des phrases qui mettent une distance entre la personne et ses sentiments : *On ne se sent pas bien, C'est son attitude qui me gêne…*	Peu de gestes, très contrôlés
Dépêche-toi	Des mots ou expressions qui traduisent la précipitation : vite, plus tard, tout de suite, urgent…	Agité, bouge sans arrêt
Fais plaisir	Des phrases « positives mais négatives » : *Je suis d'accord pour le faire, mais je ne sais pas si j'y arriverai…*	Plutôt ramassé, les épaules voûtées
Essaie encore	Des mots ou expressions qui évoquent l'effort : essayer, difficile, il faut…	Tendu vers l'avant, un peu penché

Pensez-vous qu'« on est comme on est » ?

Nous pouvons évoluer... si nous en voyons l'intérêt.

Il n'y a pas de bons ou de mauvais messages contraignants.

L'essentiel est leur emploi dans les bonnes circonstances.

LE MODE D'ORGANISATION PRIVILÉGIÉ

Quels sont les modes d'organisation qui vous donnent le sentiment de travailler efficacement ?

Certains d'entre nous sont motivés par les *résultats à atteindre*. Pensez en particulier aux personnes qui travaillent dans les services marketing ou commercial : la motivation liée à l'objectif (que celui-ci soit assorti de reconnaissance financière ou officielle) oriente fortement leur façon de gérer les priorités.

Ce comportement a des avantages : le but est clair et quantifiable, et il contribue à la réussite de l'entreprise... Néanmoins, les objectifs secondaires non valorisés sont dédaignés, voire oubliés, ce qui peut se révéler très dommageable (en termes de chiffre d'affaires ou de service à la clientèle par exemple). Des objectifs mal calculés peuvent même conduire à une déstabilisation de la production de l'entreprise.

De telles personnes vont plutôt avoir des « petites voix » comme « Sois fort » ou « Dépêche-toi ».

D'autres ont besoin d'une *ambiance agréable* pour être vraiment efficace. Quand nous pensons au temps passé sur notre lieu de travail, cela se comprend !

Les tenants de cette approche valorisent le soutien et l'accompagnement de leurs collègues et collaborateurs. Ils entraînent l'équipe dans leur sillage et n'oublient personne, sauf parfois la situation elle-même ! Ils risquent par ailleurs de s'imposer des limites par peur de déplaire à l'équipe.

Ces personnes peuvent avoir des « petites voix » comme « Fais plaisir » et « Essaie encore ».

Enfin, d'autres se sentent plus à l'aise dans le cadre de *normes et de procédures* qui leur servent d'« autocontrôles ». Les personnes ayant une culture technique ou comptable apprécient généralement de telles structures (le technicien qui, après une longue réparation, constate qu'un produit fonctionne parfaitement, éprouve une vive satisfaction). Quoi de plus valorisant pour eux qu'un travail bien fait ? Ils peuvent par ailleurs « étalonner » aisément leur activité (l'autoévaluation est facile). En revanche, ils risquent d'avoir des difficultés à s'adapter à un environnement qui change très vite ou aux situations d'urgence, en résumé à sortir du cadre dans lequel ils s'épanouissent.

Vous les reconnaissez souvent parce qu'ils ont comme petite voix « Sois parfait ».

Bien sûr, vous pouvez être sensible à tous ces modes d'organisation selon les situations… l'important est de chercher votre (ou vos) dominante(s).

Pour connaître la vôtre, indiquez dans le tableau suivant si vous êtes en accord avec les affirmations proposées :

Autodiagnostic

		Plutôt d'accord	Plutôt en opposition
1	L'important est d'avoir un ou des objectifs partagés avec les personnes qui collaborent avec vous (collègues, équipe).		
2	Une bonne progression se réalise en tirant parti du meilleur de chacun.		
3	Aujourd'hui, la priorité est d'être réactif en répondant aux attentes de chacun.		
4	À long terme, une méthode d'organisation partagée est l'organisation idéale.		
5	Je travaille en mode rétroplanning[1]		
6	Les méthodes et les collaborateurs doivent s'adapter au résultat attendu.		

		Plutôt d'accord	Plutôt en opposition
7	Il faut être disponible pour aider les membres de son équipe.		
8	Une équipe n'existe vraiment qu'autour d'une méthode commune.		
9	Je consacre du temps à essayer de connaître chacune des personnes avec qui je travaille au quotidien.		
10	Il faut savoir tirer parti de l'expérience des autres pour progresser.		
11	Les gens sont motivés par une méthode d'organisation récurrente.		
12	La motivation de l'équipe est celle du moins motivé de ses membres (« plus petit dénominateur commun »).		
13	L'organisation de notre travail dépend de notre volonté.		
14	Une bonne méthode évolue peu avec le temps.		
15	Un tableau de progression des résultats est une manière intéressante de motiver une équipe.		

Si vous avez répondu « Plutôt d'accord » aux questions 1, 5, 6, 10, 15, vous pensez que l'organisation idéale est fondée sur le résultat. Cette optique est-elle partagée par vos collaborateurs ou collègues ?

Si vous avez répondu « Plutôt d'accord » aux questions 2, 3, 7, 9 et 12, vous croyez plus aux aspects « humains » : vous privilégiez l'ambiance et l'aide à votre équipe. En est-elle demandeuse ?

Si vous avez répondu « Plutôt d'accord » aux questions 4, 8, 11, 13 et 14, vous êtes plutôt orienté « méthodes ». Les cadres et les procédures sont utiles, mais sont-ils suffisants pour motiver vos collaborateurs ?

1. Ce mode consiste à établir un planning en partant de la date finale et en remontant le temps.

Vivez-vous constamment dans l'urgence ?

Un objectif à moyen terme n'est pas forcément associé à vos objectifs managériaux. Vous pouvez vous en fixer vous-même : faire évoluer vos compétences, progresser en vue d'un poste souhaité, etc.

Soyez ambitieux dans vos objectifs.

Le fait d'y croire assure déjà 50 % du succès.

LA STRUCTURE DU TEMPS

L'outil de la structuration du temps est issu de l'Analyse Transactionnelle[1]. Selon son créateur, Éric Berne, dans toute situation où aucune organisation du temps ne nous est imposée, nous créons notre propre structure du temps qui se répartit en plusieurs usages : retrait, rituel, passe-temps, activité, jeu ou intimité.

Les usages du temps

Prenons l'exemple du cas pratique que vous trouverez à la fin du chapitre et examinons la journée de Bernard sous l'angle des usages du temps. Nous n'avons pas retenu ici l'ordre chronologique, car nous avons préféré classer les usages du temps selon le degré d'implication de Bernard, par ordre croissant.

Lors de la première partie de la réunion à laquelle il participe, Bernard se met en *retrait*, n'étant pas concerné directement par le sujet traité. Cette attitude peut s'avérer utile pour ceux qui ont besoin de récupérer ou de se concentrer. Elle peut devenir gênante si elle dure trop longtemps ou est inadaptée à la situation (la présence d'une personne en retrait tout au long d'une réunion n'est d'aucune utilité).

Dès que Bernard arrive le matin, sa première action est de faire la tournée des bureaux. Il effectue ainsi un *rituel de prise de contact*. Le rituel est l'activité habituelle, reconnue par tous les individus présents, par laquelle nous commençons une relation. Cela peut être la poignée de main, mais aussi le café en début de réunion, la lecture du compte rendu de la réunion passée, etc. Signe de partage des conventions sociales, le rituel rassure ceux qui y participent et facilite l'échange. Toutefois, il ne doit durer qu'un temps, sous peine de créer un sentiment de « vide » (la visite

---

1. L'analyse transactionnelle est un outil d'analyse des relations entre deux ou plusieurs personnes. Elle ne porte pas sur une personne, mais plutôt sur la nature des échanges ou des transactions – d'où son nom – entre les personnes.

matinale du chef de projet devient vite exaspérante pour certains).

Bernard prend ensuite son café avec toute son équipe, il s'agit pour eux d'un *passe-temps*. Similaire au rituel, le passe-temps est vécu avec plus de liberté dans ses modalités et son contenu (à l'heure du café, le sujet du jour varie selon l'actualité). Les participants échangent, mais n'engagent pas d'actions. Le passe-temps a donc comme avantage de favoriser les échanges sociaux, mais comme limite de ne conduire à rien… si l'on n'en sort pas.

De 9 heures à 10 h 30, Bernard prend connaissance de ses e-mails et y répond si nécessaire. Cette période d'*activité* vise l'atteinte d'un but. Elle est indispensable à la réalisation de nos objectifs et nous y consacrons la plus grande part de notre temps de travail. Dans une équipe transverse, l'activité (dans le sens donné ci-dessus) engendre vite une certaine monotonie si elle est continue.

Le violent affrontement entre Johann et André est ensuite perçu comme « classique » par chacun des participants. Ce « *jeu* » est une forme de théâtre dans lequel chacun a un rôle plus ou moins convenu d'avance et qui se termine par un sentiment de malaise. Sans entrer dans le détail (vous trouverez dans la bibliographie des livres sur le sujet), nous pouvons dire que le jeu est une situation d'échanges répétitifs et pleins d'émotions que nous reproduisons inconsciemment. Si par exemple votre responsable ne supporte pas celui d'un autre service, vous pouvez, inconsciemment, adopter avec les membres de votre service la même attitude que lui. Un jeu n'apporte pas de gains décisifs, et est souvent source de malentendus et de complications.

Enfin, le déjeuner de Bernard avec son manager et André est un moment d'« intimité ». L'*intimité* est l'échange ouvert dans lequel nous exprimons nos opinions et nos sentiments de façon authentique. Elle suppose une grande confiance vis-à-vis de l'autre et c'est là que se trouve sa limite. Cette structure du temps est la plus valorisante.

Une organisation du temps différente selon les cultures

Dans certaines cultures (par exemple anglo-saxonnes), l'activité est survalorisée. Lorsque vous entrez dans le cabinet d'un avocat américain, vous avez intérêt à aller directement au but puisque vous le payez au temps passé (l'avocat met d'ailleurs en marche un chronomètre dès que vous arrivez dans son bureau).

À l'inverse, dans d'autres cultures (par exemple orientales), tout entretien commence par le thé et des politesses d'usage (rituels et passe-temps), avant d'arriver au sujet à traiter. Cette structure du temps a aussi bien sûr ses limites.

Croisez votre structuration du temps avec celles dominantes du groupe

Si vous analysez la structure du temps passé par Bernard sur une journée, vous aboutissez au schéma ci-dessous. Vous pouvez en déduire qu'il passe beaucoup de temps en *rituel* et en *passe-temps*. Peut-être y a-t-il des marges de progrès possibles à ce niveau…

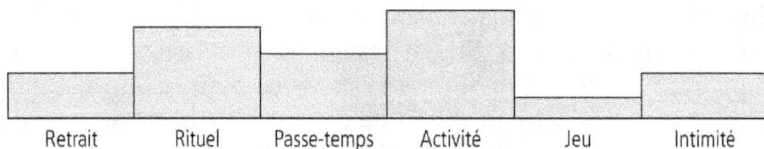

FIGURE 3. *Structure du temps de Bernard*

| Retrait | Rituel | Passe-temps | Activité | Jeu | Intimité |

Bernard doit également réfléchir à la structuration du temps de ses collègues dans son groupe. Si pour lui les rituels sont importants, pour d'autres l'activité prime. Le fait qu'il n'en tienne pas compte peut se traduire par des jeux ou des passe-temps : ses collaborateurs lui font sentir de manière indirecte leur mécontentement.

Voici un tableau qui vous permet d'analyser la structure de votre temps. Comme Bernard, vous devez également vous intéresser à celle de vos collaborateurs, afin de mieux gérer les processus de relations en les adaptant aux besoins du groupe : ont-ils besoin de temps d'activité supplémentaire, de moins de passe-temps, d'une répartition différente des temps dans la journée ?

Notez dans le tableau suivant le temps passé selon chaque type d'usage du temps, puis calculez cette répartition en pourcentage. Si toutes les phases de la structuration du temps sont utiles, certaines sont simplement plus efficaces que d'autres pour atteindre vos objectifs : faites votre choix !

Par ailleurs, comment souhaiteriez-vous répartir idéalement votre temps ? Que pourriez-vous faire pour y parvenir ?

Faites cet exercice sur une période de temps définie à l'avance. Une astuce : commencez sur une heure (voire une demi-heure) pour vous entraîner !

Usage du temps	Temps passé	% du temps étudié	Votre objectif	Comment l'atteindre ?
Retrait (vous êtes absent mentalement)				
Rituel (les bonjour, au revoir, etc.)				
Passe-temps (les discussions sur la pluie et le beau temps)				
Activité (le travail effectif : vous êtes présent et concentré)				
Jeu (les échanges répétitifs, pleins d'émotions pour vous)				
« Intimité » (le sentiment d'échanges en pleine confiance)				
	100 %	100 %		

Avez-vous tendance à dire « Ce n'est pas moi qui décide de mes priorités... » ?

Peut-être, mais vous pouvez les hiérarchiser.

« Ceux qui emploient mal leur temps sont les premiers à se plaindre de sa brièveté. » (La Bruyère)

Prenez conscience que vous gâchez plus ou moins volontairement du temps. Après, libre à vous de changer !

SYNTHÈSE

Les meilleures méthodes de gestion et de planification se brisent sur le facteur humain. Apprenez donc à composer avec. Reconnaissez d'abord vos propres messages contraignants avant de vous préoccuper de ceux de vos interlocuteurs. Vous ne les changerez pas radicalement, mais vous pourrez les employer à bon escient (le « Sois parfait » pour les travaux minutieux, le « Dépêche-toi » en situation d'urgence) et leur permettre ainsi d'évoluer. Par ailleurs, vous devez prendre en compte que ces « petites voix » se combinent : un « Sois parfait » avec un fort « Fais plaisir », c'est l'explosion du temps assurée. Si vous souhaitez un regard général sur vous (ou sur le comportement de personnes de votre entourage), utilisez les « petites voix » et couplez cette démarche avec vos modes d'organisation préférés.

Pour une approche spécifique (ex. le comportement dans une journée ou en réunion), la structuration du temps vous offre un éclairage plus fin. En effet, les décalages dans la structuration du temps peuvent être source de difficultés entre deux personnes avec les mêmes petites voix. Ainsi, leurs différences de goûts pour les « passe-temps » ou les jeux psychologiques déstabilisent une réunion.

Pouvez-vous imposer votre comportement ? Dans la pratique, pas vraiment. Au mieux, cela se traduira par un « oui » de façade et une désimplication des personnes. Le contraire de ce que vous attendez pour mieux gérer vos priorités (et ne pas récupérer celles des autres). Cette attitude ne fonctionne que dans un environnement de travail très structuré, avec des tâches récurrentes. Alors, prenez le temps de réfléchir à vos propres comportements, d'identifier ceux de vos collaborateurs et/ou collègues et prenez en compte leurs voix dominantes.

ASTUCE

Pour compenser l'effet d'un message contraignant, faites travailler vos collaborateurs à deux ou trois sur une même tâche.

Bernard aime commencer ses journées à 8 h 30 en serrant la main des membres de son équipe. En plus de signifier sa présence, ce rituel leur montre selon lui son intérêt pour eux. C'est aussi l'occasion de « prendre la température » en bavardant quelques instants avec chacun. Néanmoins, cette habitude a l'inconvénient de lui faire faire un long détour dans les couloirs, ses collaborateurs étant répartis sur différents étages du bâtiment. Certains apprécient sa visite (« Il monte trois étages pour dire bonjour ! ») ; d'autres en sont irrités. Les absents lors de son passage trouvent, à leur retour, un petit mot qu'ils prennent pour un reproche (« Je ne vais pas quand même pas rester au garde-à-vous au pied de mon bureau ! »).

Ce matin, Bernard leur rappelle qu'un nouveau collaborateur va intégrer l'équipe. Un des membres de celle-ci a préparé le café. Tout le monde se retrouve pour un moment qui permet à chacun d'échanger des informations et de se raconter les derniers bruits de couloir. Ce « passe-temps » convivial est important pour Bernard : c'est selon lui la clé de bonnes relations. Il en profite pour présenter le nouveau venu. Après quelques mots de bienvenue, Bernard lui remet une pile de documents pour qu'il s'imprègne des actions en cours : « Jette un coup d'œil là-dessus, je te revois dans la journée pour t'en parler plus avant et te présenter l'équipe. »

Puis il se plonge rapidement dans la lecture de sa messagerie. Compte tenu du volume d'e-mails qu'il reçoit (une centaine par jour) et du temps nécessaire pour y répondre, cette activité l'occupe jusqu'à 10 h 30.

À 11 heures, il s'excuse et part en vitesse à une réunion de coordination au cours de laquelle il doit effectuer un point sur l'un de ses projets. L'ordre du jour est chargé : il découvre qu'il passera en quatrième position, autrement dit vers 12 h 30. À cette heure-là, les participants commenceront à avoir faim. « Tant mieux, cela ira plus vite », se dit-il. Les premiers sujets abordés ne le concernent guère. Bernard se met en retrait mentalement, écoutant d'une oreille distraite les discussions. Pendant ce temps, il répète intérieurement sa présentation et les questions qu'il souhaite voir traiter... s'il en a le temps.

Cas pratique

La hausse du ton de voix le fait sortir de sa torpeur. Un violent échange verbal a lieu entre Johann, le responsable des achats et André, en charge de la production. Blasé, Bernard hausse les épaules. Comme d'habitude, ces deux-là règlent leurs comptes. Johann reproche à André de ne pas avoir respecté la procédure, et André lui répond qu'en cas d'urgence, il faut savoir prendre des initiatives.

Bernard comprend vite l'objet du différend : un serveur qui ne fonctionne plus bloque de nombreuses activités. Or le risque d'immobilisation, lié au respect de la procédure, peut coûter cher. Il s'ensuit de part et d'autre un échange de mots aigre-doux et de sous-entendus à des « cadavres » cachés dans les placards. Bernard ne s'en offusque pas plus que les autres participants de la réunion, ces « jeux » faisant partie des habitudes.

Vient enfin son tour. Comme prévu, les participants commencent à avoir faim. Après quelques demandes rituelles (« Vous êtes sûr que… ? », « Vous croyez vraiment que… ? »), la réunion s'achève rapidement sans réelle conclusion. La décision est remise à la prochaine rencontre et pour justifier ce report, Bernard est « lesté » de quelques questions complémentaires.

Après avoir demandé à l'un de ses collègues d'emmener le nouveau venu au restaurant pour son premier jour, Bernard choisit de déjeuner avec Paul, son manager, et André, le responsable de la production, car ils ont des questions urgentes à régler. La connivence entre eux est grande. Les questions de fond sont abordées sans tabous, car la qualité de leur relation le leur permet. Paul s'inquiète du retard pris par le projet, mais Bernard lui assure que son équipe fait le maximum.

Son après-midi est remplie par une succession de tâches :

- des réunions ;
- de courtes périodes de répit (idéales pour prendre connaissance des e-mails arrivés depuis le matin) ;
- des travaux divers suite à des demandes comme : « Il nous faut telle information immédiatement », « Merci de nous retourner ce document complété pour demain », « Nous avons besoin de votre présence à cette réunion », etc. ;
- de petits entretiens informels avec des membres de son équipe pour régler des problèmes en suspens. Bernard a beau avoir une politique de « porte ouverte », il est quand même obligé de refuser certaines entrevues par manque de temps.

À 19 h 15, Bernard ne peut que s'excuser auprès du nouveau pour le peu de temps qu'il a pu lui consacrer : « Tu vois, nos journées sont de vraies courses contre la montre ! J'espère que demain, j'arriverai enfin à dégager du temps pour toi. »

Sur le chemin du retour vers son domicile, Bernard s'interroge à nouveau sur le retard pris par le projet : « Je fais de mon mieux, mais les horaires de travail ne sont pas extensibles au-delà d'une certaine limite. Ce n'est pas de ma faute si je n'ai pas pu passer du temps avec le nouveau, et si je n'arrive plus à suivre le projet. »

La journée de Bernard est dense, elle comprend de multiples activités, certaines prévues, d'autres exceptionnelles. Ce manager ne semble pas perdre une minute.

Toutefois, la manière dont il organise son temps est-elle vraiment efficace ? Comment pourrait-il affiner sa gestion des priorités ? Peut-il agencer son temps différemment ?

Un peu gêné par son attitude vis-à-vis du nouveau, Bernard reprend ses notes d'un séminaire précédent :

Quelles sont les « voix » qui vous interpellent le plus (vous vous dites « c'est bien moi ») ?	« Fais plaisir » et « Essaie encore »
Et celles qui vous semblent ne pas vous ressembler ?	« Sois parfait » et « Sois fort »
Quels sont leurs avantages dans vos tâches ?	• une grande capacité de travail • une volonté de bien faire
Et dans vos relations aux autres ?	• une grande disponibilité vis-à-vis des autres • une bonne écoute • un goût pour l'esprit d'équipe, le partage
Sont-elles en adéquation avec votre fonction ?	• la grande capacité de travail est tempérée par une faible productivité • je protège trop mon équipe et en fais trop : je les infantilise au lieu de les responsabiliser • il en résulte une grande perte de temps qui pourrait être consacré à des tâches plus adéquates comme accueillir le nouveau venu par exemple

Bernard décide de se donner, dès le lendemain, un objectif de progrès : ne pas faire le tour des bureaux (sauf ceux à proximité du sien) pour saluer son équipe et attendre tranquillement l'heure du café.

▓▓ LOI DE FRAISSE[1]

Plus l'intérêt est grand, plus le temps passe vite.

1. Paul Fraisse (1911-1996) est un psychologue français qui dirigea longtemps des laboratoires de psychologie expérimentale et s'est intéressé à la perception du temps.

PARTIE 2

PARTIR DE VOS OBJECTIFS
POUR DÉFINIR
VOS PRIORITÉS

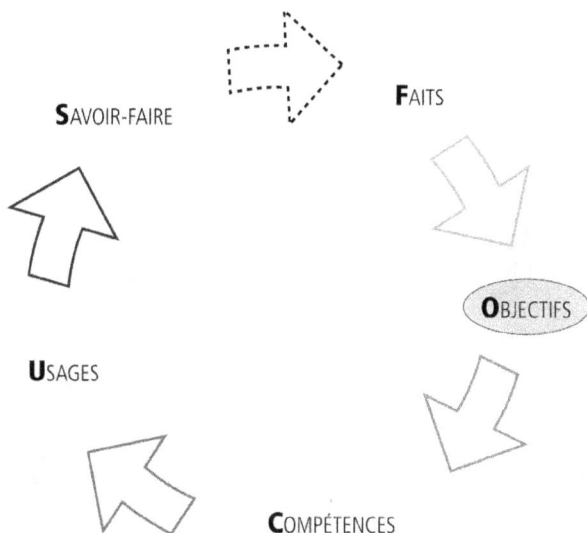

PARTIE 2

PARTIR DE VOS OBJECTIFS POUR DÉFINIR VOS PRIORITÉS

3

Priorité à vos priorités

Vous avez analysé votre manière d'employer votre temps professionnel et votre rapport au temps. Vous vous connaissez mieux et vous comprenez mieux les autres et leurs différences d'approche. Maintenant, vous devez choisir la route que vous allez prendre : quel est votre objectif ? Pas celui dicté par votre organisation, mais le vôtre : celui que vous vous êtes donné à un horizon d'un à trois ans : faire monter votre équipe en compétences, évoluer dans votre métier ou dans votre fonction, vous faire reconnaître à votre vraie valeur ? Le fait de vous donner un cap vous aide à voir clair dans vos priorités et à faire la part entre les multiples sollicitations au quotidien. Cela vous conduit à réfléchir sur votre rôle et les priorités associées. Le responsable d'équipe est avant tout un leader qui anime, motive et fédère son équipe. Il doit donc régulièrement revoir ses priorités et bâtir une vue à moyen terme de la situation. En effet, son environnement évolue et la dimension de son rôle change. Arrive un moment où il ne peut plus tout maîtriser : il doit alors, à tout prix, prendre du recul. Voici un paradoxe : quand le travail se complexifie, le responsable doit s'en détacher ! Comment se recentrer alors sur ses vraies priorités, celles qui font grandir et réussir ? En priorisant son temps à l'envers de ses habitudes.

LE RESPONSABLE D'ÉQUIPE, LEADER OU MANAGER ?

Qu'attendent aujourd'hui les collaborateurs de leur responsable ? Si cela peut varier selon les métiers et les industries, la tendance générale va vers un rôle d'animation d'équipe, et non pas de simple transmission des ordres.

Dans ce contexte, vous devez être au clair avec vous-même et vos collaborateurs sur votre rôle, vous y affirmer et en tirer les conséquences sur les compétences à développer.

Se positionner clairement

Vous effectuez votre travail en fonction des objectifs qui vous sont assignés, et des demandes – et attentes – de votre hiérarchie ou des membres de votre équipe.

C'est bien normal. Et pourtant… en êtes-vous satisfait ? Seule l'est une petite minorité d'entre nous. Dans le fond, vous attendez aussi d'être valorisé, à vos yeux comme à ceux des autres, et reconnu.

Qu'est-ce qu'un responsable d'équipe ?

- Un transmetteur d'ordres ? Ce serait minimiser votre rôle, qui comprend d'autres dimensions comme l'animation, la coordination, etc.
- Un manager ? Oui ou non, puisque les membres de son équipe ne lui sont pas nécessairement rattachés.
- Un leader ? Tout dépend de ce que l'on entend par ce terme. Si vous pensez à Martin Luther King ou Winston Churchill, vous n'êtes pas forcément un tel leader. En revanche, si vous estimez que le leader est celui qui porte le regard au loin et fédère tout en sachant dire des choses difficiles à entendre, alors vous pouvez en être un.

Dans un environnement complexe, un management transverse et le développement des compétences des collaborateurs sont des clefs du succès. Un bon responsable d'équipe a donc la capacité :

- de montrer la voie ;
- d'obtenir l'adhésion de ses collaborateurs ;
- de bousculer les idées reçues ;
- de changer ou de revoir les méthodes si besoin est ;
- de tenir la barre dans les moments difficiles.

Pour cela, il doit impérativement se concentrer sur les tâches de fond, et s'accorder du temps pour prendre du recul.

« Et puis quoi encore ? On voit bien que vous n'avez pas de priorités à court terme, d'ennuis quotidiens et d'urgences permanentes ! », vous êtes-vous peut-être dit en lisant les lignes qui précèdent. Vous n'avez pas totalement tort, du moins à première vue.

En effet, vous n'avez pas été formé à ce genre d'approche. Les messages qui circulent sont plutôt : « Fais ce qu'on te demande », « Fais ce que tu as à faire », « Ce n'est pas toi qui décides », etc.

Pourtant, cette attitude n'est adaptée que dans les cas où le travail de votre équipe est de pure exécution, sur une longue période de temps. Le plus souvent, l'évolution permanente de votre environnement vous conduit à donner plus d'autonomie à vos collaborateurs et/ou à les faire monter en compétences.

- Quels changements prévoyez-vous dans votre environnement à 12 mois ?
- Quels impacts cela pourra-t-il avoir sur la fonction de vos collaborateurs ?
- Quel est votre rôle dans l'adaptation à ce changement ?
- Dans ce contexte, quelle est la finalité de votre fonction :
  – atteindre les objectifs à court terme ?
  – faire monter en compétences vos collaborateurs pour assurer la pérennité de l'équipe ?
  – laisser faire ?
  – améliorer la qualité du service rendu ?
  – …

Au fond, quels objectifs aimeriez-vous avoir ?

Affirmer son objectif

La Direction Participative par Objectifs ou DPO a été développée et mise en place dans les années 1960 en France pour donner un cadre de travail précis à des managers qui vivaient une pleine période de croissance. À cette époque, il s'agissait d'orienter les efforts de tous, dans le bon sens, devant la multiplicité des opportunités.

Aujourd'hui, les objectifs jouent toujours le même rôle avec un résultat un peu différent : les objectifs ont souvent perdu leur caractère « dynamique » et sont perçus comme des moyens de pression. Un bon objectif se doit d'être SMART, c'est-à-dire « Spécifique », « Mesurable », « Atteignable », « Réaliste », et inscrit dans un « Temps » donné. Malheureusement, les objectifs sont souvent perçus comme SMURT, c'est-à-dire « Utopiques » au lieu d'« Atteignables ». Dans ce contexte, ils ont souvent une image négative, ce qui est encore renforcé par le sentiment de manque de reconnaissance des efforts fournis.

L'objectif dont il est question ici est le vôtre, celui que vous vous donnez.

EXERCICE

Imaginez-vous dans un an : vous êtes promu à un nouveau poste après une année réussie. À l'occasion du pot d'adieu donné en votre honneur, l'un de vos collaborateurs parle de vous au nom de l'équipe.

Questions	Exemples de réponses	Votre réponse
Qu'aimeriez-vous entendre ?	*Merci Éric pour ton action. Tu nous as apporté tes encouragements et ta chaleur. Nous nous rappellerons les pauses-café au cours desquelles tu distillais de petits messages qui nous ont fait progressivement évoluer…*	
Quelles sont les valeurs citées ?	*Encouragement* *Chaleur* *Partage* *Évolution*	
Quelles sont les actions associées (celles que vous mettez ou devez mettre en œuvre pour atteindre votre but) ?	*Échanger* *Avoir une démarche progressive* *Diffuser des messages cohérents* *Connaître les objectifs d'évolution de l'équipe et de chacun de ses membres*	

Cela peut être autour de la montée en compétences des collaborateurs, de leur reconnaissance par d'autres services…

Votre objectif peut être aussi personnel : changer de métier, d'entreprise, voire fonder votre propre affaire.

Que vous ayez envie de rester à votre poste ou d'être autonome, l'important est d'être clair avec vous-même : c'est cela votre objectif. Un bateau peut louvoyer au gré des courants et des vents, il garde néanmoins son cap pour arriver à bon port.

En tirer les conséquences

Le but n'est pas d'apprécier le chemin à parcourir mais l'objectif final : atteindre celui-ci suppose apprécier ce qui est attendu en termes de savoir, savoir être et savoir-faire. Quelles sont les compétences que vous possédez déjà, celles que vous devez développer et celles qui vous manquent ? Comment pouvez-vous les acquérir ?

Bien sûr, certaines d'entre elles s'acquièrent par la formation ou des pratiques spécifiques au métier. Nombre d'autres peuvent se développer au gré des opportunités dans le travail au quotidien. Ainsi, la pratique de l'anglais peut se faire à l'occasion de la rencontre de visiteurs étrangers, par la lecture de revues ou de documents professionnels sur ce sujet…

EXERCICE

Questions	Exemples de réponses	Votre réponse
Que pourriez-vous faire dès aujourd'hui pour réussir ?	*Fixer un objectif à un an pour l'équipe* *Prendre le temps d'échanger*	
Comment suivre et mesurer les objectifs dans le temps ?	*Réaliser un plan à valider dans un mois* *Effectuer un entretien trimestriel avec chacun*	

Photocopiez ce tableau une fois complété, mettez-le sous enveloppe et demandez à quelqu'un de vous l'adresser dans trois mois : vous mesurerez alors le chemin parcouru…

Progresser dépend en grande partie de vous. Regardez autour de vous : observez un poste où il y a des responsables qui font le même travail, vous avez remarqué sûrement qu'ils ont des comportements fort différents en fonction de leur personnalité, des situations rencontrées et de… leurs objectifs personnels.

À vous de vous fixer vos objectifs. Une fois cela réalisé, donnez-vous toutes les chances de les atteindre en hiérarchisant différemment vos priorités.

Et vous ?

Croyez-vous que le seul vrai leader, c'est le PDG (ou le chef de département ou…) ?

Nous avons chacun à notre niveau un rôle de leader, avec un horizon et un spectre d'actions différents.

Les unes après les autres, les entreprises passent au mode transverse.

En développant vos compétences en termes de gestion des priorités en ce domaine, vous préparez votre futur.

HIÉRARCHISER DIFFÉREMMENT SES PRIORITÉS

Le général Eisenhower a dirigé le débarquement allié en 1944. Il est célèbre, entre autres, pour sa grille de gestion des priorités.

La matrice d'Eisenhower

Cet outil permet de trier les tâches à effectuer selon leur degré d'importance et d'urgence.

- Une tâche est importante pour vous si elle concourt à l'atteinte de votre mission et/ou de vos objectifs.
- Une tâche est urgente si elle requiert une attention immédiate pour des raisons de délai et de temps de réalisation.

Eisenhower avait l'habitude de classer les tâches qui lui incombaient selon les quadrants : d'abord ce qui est « urgent et important », puis ce qui est « urgent et non important » et enfin ce qui est peut-être « peu urgent et pas important ». Il ne reste en général plus de temps pour l'important non urgent.

Sa logique était simple : d'abord ce qui est clé (urgent et important), puis l'imprévu (l'urgent) et ensuite ce qui nous fait plaisir (parmi ce qui est non important et non urgent). Pour l'important non urgent, il suffit d'attendre que cela devienne urgent.

Selon lui si au final, votre temps est insuffisant, concentrez-vous sur ce qui est urgent et important ; le reste, traitez-le ensuite, déléguez-le ou oubliez-le !

FIGURE 4. La matrice d'Eisenhower

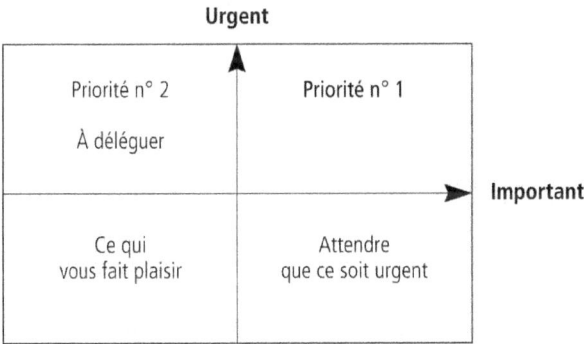

Urgent

Priorité n° 2 À déléguer	Priorité n° 1
Ce qui vous fait plaisir	Attendre que ce soit urgent

Important

Cette grille a rendu service à de nombreux cadres durant des années, en leur permettant de mieux structurer leur activité.

Malheureusement, depuis, la pression du travail quotidien et les contraintes liées à l'évolution de notre environnement (moins de personnel, délais raccourcis, accélération des évolutions…) ont conduit à une concentration des activités. Aujourd'hui, tout est urgent et prioritaire, et il devient difficile de déléguer certaines tâches, dans la mesure où tout le monde est débordé.

Le plus souvent, notre temps se répartit de la manière suivante :

FIGURE 5. Une répartition classique du temps de travail

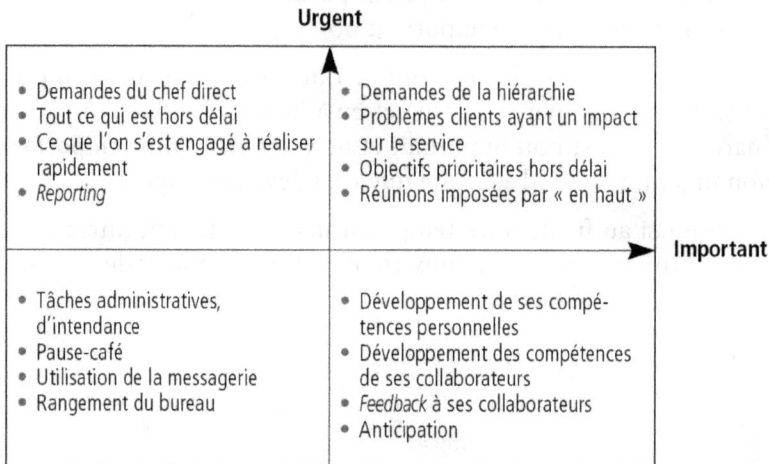

Urgent

• Demandes du chef direct • Tout ce qui est hors délai • Ce que l'on s'est engagé à réaliser rapidement • *Reporting*	• Demandes de la hiérarchie • Problèmes clients ayant un impact sur le service • Objectifs prioritaires hors délai • Réunions imposées par « en haut »
• Tâches administratives, d'intendance • Pause-café • Utilisation de la messagerie • Rangement du bureau	• Développement de ses compétences personnelles • Développement des compétences de ses collaborateurs • *Feedback* à ses collaborateurs • Anticipation

Important

Les risques du tout-urgent

En réalité (et Stephen Covey l'a bien démontré dans son livre *Priorité aux priorités),* si vous commencez par traiter les tâches importantes et *urgentes,* vous basculez fatalement très vite vers l'exécution de toutes les actions *urgentes.* Ainsi, dans la grille ci-dessus, vous vous attaquez ensuite à tout ce qui est en retard.

Or voici les sentiments éprouvés selon le type de tâches effectuées (figure 6).

En basculant de l'*important et urgent* vers l'*urgent* seulement, vous risquez de courir contre le chronomètre. Frustré, vous aurez l'impression que rien ne se finalise et que vous cristallisez le mécontentement de tous. Vous pouvez alors non seulement sortir de votre rôle en vous chargeant de tâches qui incombent à vos collaborateurs, mais surtout ne plus accomplir les vôtres. Votre propre responsable ne voit que le côté visible de l'iceberg, c'est-à-dire que vous ne faites plus votre travail. Par ailleurs, il pourrait se demander si votre attitude répond aux attentes des membres de votre équipe, et si vous ne les stressez pas avec votre comportement « panique »…

FIGURE 6. *La matrice d'Eisenhower sous l'angle des sentiments*

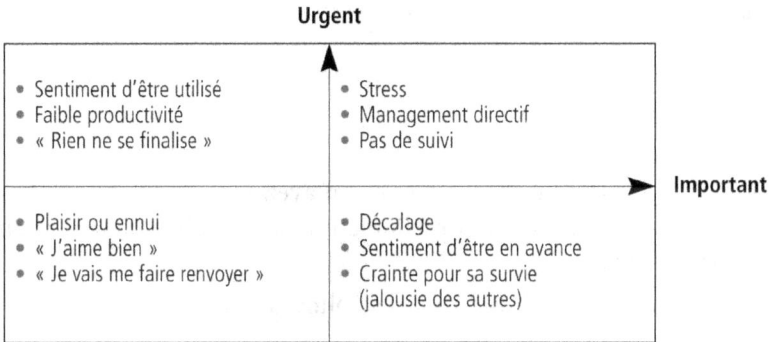

Urgent

• Sentiment d'être utilisé • Faible productivité • « Rien ne se finalise »	• Stress • Management directif • Pas de suivi
• Plaisir ou ennui • « J'aime bien » • « Je vais me faire renvoyer »	• Décalage • Sentiment d'être en avance • Crainte pour sa survie (jalousie des autres)

Important

Que conseiller à quelqu'un dans cette situation ?

Lui faire privilégier la case « *important mais non urgent* ». Attention, privilégier ne veut pas dire y consacrer tout son temps, car il risquerait alors d'être décalé par rapport à ce que chacun attend de lui au quotidien.

FIGURE 7. *La matrice d'Eisenhower revue*

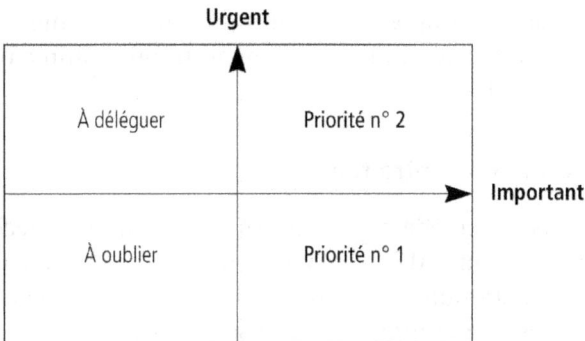

Urgent

À déléguer	Priorité n° 2
À oublier	Priorité n° 1

Important

Craignez-vous que votre responsable vous reproche de perdre votre temps si vous modifiez vos priorités ?

Il vous le reprochera encore plus dans un an ou lors de votre entretien annuel si vous êtes toujours dans l'urgence.

La gestion des priorités est un travail d'équipe.

Vos collaborateurs vous attendent dans ce rôle. Mieux, ils vous aideront à réussir, car leur succès en dépend.

SUR LA VOIE DU CHANGEMENT

Vous pouvez désirer changer, mais en avez-vous la capacité ? Les personnes qui parviennent réellement à faire évoluer leur gestion des priorités sont :

- celles qui sont suffisamment disciplinées pour se l'imposer, soit environ 25 % d'entre nous ;
- celles qui ont été, à un moment ou à un autre, totalement débordées. Si elles en sont arrivées à ne plus déjeuner, à partir du bureau à 21 heures et à emporter du travail chez elles le week-end, elles sont prêtes à attraper n'importe quelle bouée de sauvetage ;
- celles qui ont conscience d'avoir, de toute façon, trop de travail par rapport au temps dont elles disposent.

Et vous, faites-vous partie de l'une de ces catégories ?

Dans tous les cas, passer d'une gestion du temps subie à une gestion proactive suppose souvent non seulement une remise en cause de vos croyances, mais également un minimum d'organisation et de réflexion.

Négociez 10 % de votre temps

Si c'est le cas, le remède passe par des étapes simples : acceptez de consacrer environ 10 % de votre temps hebdomadaire (soit environ une demi-journée ou deux quarts de journée) aux tâches « importantes et non urgentes » qui sont des actions de fond.

Certaines semaines, cette discipline sera un peu difficile à mettre en place, mais vous pourrez vous rattraper durant d'autres périodes.

Pourquoi avoir choisi le chiffre de 10 % ? Nous avons constaté que le temps de travail des personnes exerçant des fonctions sédentaires se répartit généralement ainsi :

- 50 à 60 % de temps non maîtrisable ;
- 30 à 40 % de temps plus ou moins maîtrisable ;
- environ 10 % de temps à leur disposition (si elles le souhaitent).

Certes, votre première pensée peut être : « Je n'arrive déjà pas à tout faire et il faudrait que je dégage 10 % de mon temps ? » Pourtant vous pouvez y parvenir : dites-vous qu'il vous en restera alors 90 % pour traiter les tâches urgentes et importantes, puis les tâches urgentes.

Comment dégager ce temps précieux ?

Voici trois méthodes complémentaires.

- La première méthode correspond à l'exercice que vous avez fait au paragraphe précédent : écrivez-vous une lettre sur le thème de votre vision à un an et faites-la vous adresser trois mois plus tard (par votre conjoint, votre assistante ou un ami…). Vous donner un ou des objectifs n'est qu'un premier pas, vous avez ensuite à les atteindre, et pour cela vous consulterez régulièrement les indicateurs de mesure que vous vous êtes fixés.
- La deuxième méthode consiste à organiser une réunion « stratégique » avec votre équipe en leur demandant :
  – où ils se voient dans un an (en supposant que l'équipe reste stable) ;
  – en quoi ils espèrent avoir progressé ;
  – ce qu'ils attendent de vous et de la hiérarchie (au sens large) pour y parvenir ;
  – de quelle manière vous pourriez, tous ensemble, mesurer la progression et les succès.

Là aussi, vous serez probablement étonné par l'énergie et l'enthousiasme qu'un tel échange engendre.

- Pour mettre en œuvre la troisième méthode, demandez à votre responsable ce qu'il attend de vous dans un an. Vous bâtirez alors un rétroplanning sur les actions à mener en déterminant des objectifs de mesure trimestriels.

De l'idée à la pratique

Pour passer à la pratique, réservez-vous à l'avance des plages de temps sur votre agenda (papier ou électronique) en les barrant très à l'avance. Vous les remplirez avec des tâches de fond. Le plus dur est d'oser le faire !

Et ne croyez pas que ces 10 % de temps seront à passer « claquemuré » dans votre bureau : vous pouvez travailler en équipe ou avec un collègue. La seule contrainte est de vous concentrer sur du moyen terme, c'est-à-dire sur les objectifs de fond que vous avez choisi d'atteindre.

Une fois que vous avez programmé ces 10 %, posez-vous les questions suivantes pour toutes les autres tâches. Pouvez-vous pour chacune d'entre elles :

- la déléguer ?
- la réaliser de manière simplifiée ?
- la reporter ?
- l'oublier ?

Vous trouverez au chapitre suivant des outils pratiques pour gérer ces 90 % de temps restant et les planifier dans le temps.

Et vous ?

Pensez-vous que vos collaborateurs se contentent de réaliser leur travail au quotidien ?

Peut-être est-ce parce que vous n'avez jamais discuté du sujet avec eux.

Pensez petit pour vous convaincre !

Commencez par consacrer 5 % de votre temps (deux heures par semaine) aux tâches importantes mais non urgentes, puis passez progressivement à 10 %.

© Groupe Eyrolles

SYNTHÈSE

Le rôle fondamental d'un responsable est de faire preuve de leadership et d'entraîner son équipe vers le but à atteindre (au-delà de la réussite des objectifs). Si vous voulez la motiver et donner un sens à son travail, il vous faut sortir de l'horizon à court terme du trimestre ou des objectifs. À titre personnel, vous montrez l'exemple en hiérarchisant vos priorités pour les emmener vers le but que vous vous êtes fixé. Le principe de réalité fait que vous devez, bien sûr, prendre en compte les tâches du quotidien. Pour concilier le court et le long terme, 10 % du temps consacré au long terme vous suffit. L'effet de levier vous permet progressivement, au fil des jours et des semaines, de faire la différence. Le meilleur moyen d'y parvenir est d'avoir clairement en tête ce à quoi vous allez consacrer ce temps : faire monter les compétences de vos collaborateurs, préparer l'arrivée d'une nouvelle organisation… Une fois votre vision élaborée et partagée avec votre équipe, vous êtes prêt à vous approprier ces 10 %. Ceux-ci ne se font pas forcément en vase clos. Vous pouvez en profiter pour avoir des entretiens individuels ou des réunions avec tout ou partie de l'équipe, des rencontres avec des clients internes ou externes, en bref, faire tout ce qui peut vous permettre d'anticiper en comprenant les attentes et les besoins de ceux qui vous entourent. Vous pourrez affirmer que vous y êtes parvenu, le jour où vous réserverez en priorité des espaces de temps sur votre agenda et que vous les protégerez. Après quoi, occuper les 90 % du temps restant est un « jeu », pour lequel le chapitre suivant vous donne quelques clefs.

Cas pratique

À quarante-sept ans, Roger est responsable de la logistique des unités de fabrication dans une usine de plasturgie. Curieux et observateur, lui qui est tombé tout petit dans le plastique (« cela vous moule ») a découvert le mode projet il y a dix ans, en lisant des revues professionnelles.

Après avoir suivi plusieurs stages, il a mis en place son propre mode d'organisation dans son entreprise. Pionnier dans ce domaine, il a dû passer beaucoup de temps à convaincre ses collègues du bien-fondé de sa démarche. Aujourd'hui, il peut être fier de sa réussite : il y a quelques mois, son responsable a déclaré publiquement que son action avait contribué à l'adaptation permanente de l'entreprise à un environnement turbulent.

Malgré cette reconnaissance, Roger s'inquiète et se pose des questions. Comme il le dit d'un ton narquois, il a connu :

- le mode projet (un projet à la fois) ;
- la mode des projets (plusieurs projets en parallèle) ;
- les modes des projets (différentes modes couplées avec différents projets).

Auparavant, il pouvait s'enorgueillir d'une démarche structurée et organisée : il était capable de suivre dans le détail l'avancement d'un projet. Puis, sous la pression de la charge de travail et des multiples projets à mener de front, il a dû, à son corps défendant, lâcher prise sur nombre d'aspects.

Aujourd'hui, il se présente à ses interlocuteurs comme un « pompier visionnaire » : *visionnaire*, parce qu'il est responsable des projets et doit donc voir loin ; *pompier*, parce qu'il est perturbé tout au long de la journée par mille et un détails urgents à régler. « Je suis un cas pour la chaire d'ophtalmologie de la faculté de médecine : je vois l'horizon et la pointe de mes chaussures, mais rien entre les deux ! »

Conscient de la pression qu'il subit, il a suivi des stages, lu de nombreux ouvrages et échangé avec des collègues travaillant dans la logistique. Il a tout essayé en termes de gestion des priorités : la liste des tâches, la méthode ABC, le tirage au sort... mais comment faire quand ses commanditaires n'ont pas les mêmes priorités ?

Roger gère maintenant un grand nombre de projets avec ses collaborateurs. Depuis quelques jours, il sait qu'il devra en ajouter trois de plus à la liste. Parmi eux, deux sont prioritaires. Néanmoins, ses responsables lui ont dit de ne pas s'inquiéter, et lui ont donné le budget nécessaire pour externaliser la maîtrise d'œuvre auprès de trois prestataires avec lesquels l'entreprise a passé des contrats de sous-traitance en début d'année.

Tout va bien ou plutôt, tout pourrait aller bien si :

- le niveau des prestataires était à la hauteur de la situation : or, seul l'un des trois est effectivement opérationnel, le deuxième acquiert des compétences (le résultat s'améliore de mois en mois, même si le bout du tunnel est encore loin), et le dernier, lui, est empêtré dans ses difficultés malgré toute l'aide déployée ;
- l'équipe de Roger tournait à plein : malheureusement, l'un de ses membres a démissionné (et n'est pas encore remplacé), et un autre va changer de poste (depuis qu'il le sait, il n'occupe plus vraiment sa fonction initiale) ;
- les relations entre les membres de l'équipe projet et les prestataires étaient au beau fixe. C'était le cas autrefois, lorsque les prestataires étaient de simples sous-traitants. Aujourd'hui, craignant l'externalisation de leurs activités, les membres de son équipe projet font de la rétention d'informations. De leur côté, les prestataires sont arc-boutés sur leur contrat (surtout quand cela les arrange).

Bref, Roger passe son temps à faire progresser les prestataires, à pallier en interne le travail non assuré, à régler les litiges entre l'équipe et les prestataires, et à recruter de nouveaux collaborateurs. De plus, les membres des équipes projet qui ne dépendent pas de lui lèvent le pied, sous divers prétextes (instructions confuses, attente de réponse, etc.).

Comble de l'histoire, le dernier entretien individuel qu'il a eu avec son responsable hiérarchique s'est plutôt mal passé. Ce dernier lui a reproché sa « vision à court terme ». Il a justifié cette remarque par le fait que Roger, débordé, n'a plus le temps de participer à toutes les réunions transverses, ne répond pas toujours à ses e-mails et a pris en charge certains projets incombant à ses collaborateurs.

Roger se dit souvent qu'il serait mieux chez lui…

Roger est un homme curieux, qui sait s'adapter aux changements de situation. Il l'a montré par le passé en se remettant en cause. Pourquoi se trouve-t-il aujourd'hui dans cette impasse ? Ce n'est pas faute de s'être informé ou d'avoir revu ses méthodes ! Pourtant, s'il a révisé sa manière de travailler, il ne s'est pas penché sur son rôle.

Lui qui aime suivre les projets et être reconnu pour ses compétences, a du mal à lâcher prise sur les détails. Or, il s'y perd, en raison de la complexité croissante des sujets et de la multiplicité des projets.

En reprenant sa matrice des priorités, Roger réalise qu'il est débordé par l'urgent/non important et ne consacre plus du tout de temps à l'important/non urgent.

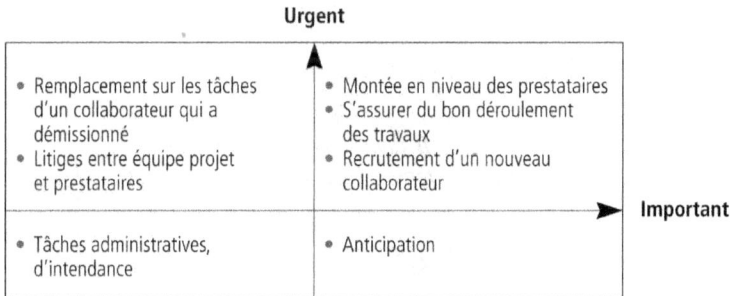

Urgent

• Remplacement sur les tâches d'un collaborateur qui a démissionné • Litiges entre équipe projet et prestataires	• Montée en niveau des prestataires • S'assurer du bon déroulement des travaux • Recrutement d'un nouveau collaborateur
• Tâches administratives, d'intendance	• Anticipation

Important

Roger décide d'appliquer une double stratégie :

Au niveau de l'important/non urgent, reprendre la main en consacrant 5 à 10 % de son temps à l'anticipation : à cet effet, il s'aménage des plages de temps dans son agenda (ex. Il aime arriver tôt avant les premiers appels du matin et ferme sa ligne téléphonique jusqu'à 9 heures). Il pense pouvoir ainsi consacrer quelques heures, même fractionnées à l'important/non urgent.

Mettre tout son effort sur l'important/urgent :

- faire monter au plus vite les prestataires en compétences, et recruter un nouveau collaborateur ;

- dans le même temps, réunir son équipe pour répartir les tâches urgentes afin d'en limiter la portée sur son propre agenda.

- Cette double action lui donne à nouveau le sentiment d'avancer, même à petite vitesse, et non plus de subir. Il prend conscience qu'il doit revoir sa gestion du temps. Long-temps, il s'est fait plaisir parce qu'il avait le temps. Puis, il a comprimé son temps pour continuer à tout faire. Maintenant, il réalise qu'il ne peut plus tout faire, et qu'il doit revoir l'ordre de ses priorités. Sa survie à son poste et sa santé sont à ce prix.

LOI DE PARKINSON[1]
OU LOI DE LA TENDANCE À L'AUTO-INFLATION
DU TEMPS DÉPENSÉ

Le temps investi dans une tâche s'étend jusqu'à occuper tout le temps disponible pour la réaliser.

1. C. Northcote Parkinson (1909-1993), historien et roman-cier anglais, exprima cette loi dans son livre *Les Lois de Parkinson* (R. Laffont, 1983), texte fondé sur une longue expérience dans l'administration britannique.

4

Faire partager ses priorités
à son entourage

Il y a vos propres priorités, et celles qui sont liées ou étroitement imbriquées avec votre équipe, vos collègues, votre entourage… Faire vivre ces dernières, c'est aussi les partager et surtout vérifier leur adéquation avec leurs attentes et besoins. Suffit-il pour cela d'assigner des objectifs ? Dans le chapitre précédent, vous avez pu lire que dans les années 1960, la DPO a été l'un des moyens de motiver les managers et leur équipe en leur donnant une orientation, un but et une mesure de leurs efforts. Cette méthode a été efficace tant que les objectifs étaient clairs, stables et progressifs dans le temps. Aujourd'hui, leur multiplicité et leur évolution constante font qu'ils ne jouent plus le même rôle : les équipes ont l'impression d'une course sans fin. Comment sortir de cette impasse ? Comment savoir ce qui motive ses collaborateurs ? Comment leur insuffler la direction à prendre ? Quels outils utiliser pour effectuer le suivi des priorités auprès de son équipe ?

FAIRE PARTAGER SA VISION

Les priorités que vous vous êtes fixées pour votre entourage ne sont pas nécessairement claires pour celui-ci. Vous avez réfléchi à celles-ci, hésité, tergiversé, pour finalement faire votre choix. N'attendez pas que votre équipe y adhère spontanément. Vous devez, à votre niveau, répondre aux attentes de votre équipe et leur faire partager vos priorités. Quel meilleur moyen que de construire ensemble une vision qui les fasse adhérer ?

Le rôle de la vision

Le manager fixe l'objectif et les moyens, fait agir l'équipe et mesure l'efficacité obtenue. Le leader donne une direction, un cap et motive les personnes à progresser dans cette voie. Il ne détermine pas nécessairement les moyens d'atteindre l'objectif, et ne mesure pas l'action réalisée.

À vous de passer du rôle de manager à celui de leader. Peut-être estimez-vous que vous n'êtes pas le PDG, et ne participez pas forcément aux décisions stratégiques : vous considérez-vous seulement comme le porte-parole de la direction ? Comment assumer, dans ce contexte, les multiples changements de cap de votre hiérarchie ?

Pendant longtemps, dans un univers relativement stable, du moins sur un horizon à court terme, les collaborateurs d'une société « voyaient » où allait leur entreprise. Jusque dans les années 1980, c'était la tendance aux plans à dix ans et à la croissance plus ou moins régulière des chiffres d'affaires et des bénéfices. Aujourd'hui, l'horizon s'est raccourci à douze ou dix-huit mois, et les mouvements sur le chiffre d'affaires, et surtout la marge, sont plus erratiques.

Comment bâtir une vision ?

Dans ces conditions, il est plus sage de sortir du cadre de la motivation par les résultats.

Pouvez-vous leur apporter – vous ou votre hiérarchie – les réponses aux questions suivantes ?

- Quelle sera notre activité dans un an ?
- Quelles sont les compétences adaptées ?
- Quels moyens pouvons-nous mettre en œuvre, au niveau de l'organisation, en équipe ou à titre personnel, pour y parvenir ?

Peut-être estimez-vous ne pas le savoir vous-même. Pourtant, quoi que les médias racontent, les organisations changent lentement et progressivement. Un commandant d'un grand pétrolier peut faire tourner la barre de son bateau brusquement, il faudra néanmoins un bon moment pour que celui-ci change visiblement de cap.

Votre expérience et l'écoute de l'environnement vous donnent une tendance.

Interpellez votre équipe sur ces thèmes :

- Quels seront nos rôles respectifs dans un an ? Nous parlons ici de contenu de poste et de développement de compétences.
- Quels sont nos objectifs pour y parvenir ? Distinguez les objectifs officiels des objectifs personnels, en termes d'acquisition de compétences.
- Quelles sont les valeurs auxquelles nous faisons appel pour réussir ? Elles recouvrent essentiellement l'implication émotionnelle associée à une tâche (qu'est-ce qui nous donne envie ou renforce notre envie de réussir ?) ou la perception de son utilité ou de sa finalité.

Ce partage de vision se fait très souvent lors d'un séminaire de cohésion d'équipe. Il ne doit évidemment pas se limiter à cette période, mais être effectué régulièrement.

Par exemple, l'évolution de la clientèle de votre entreprise peut induire que l'anglais sera de plus en plus utilisé à tous les niveaux. Bientôt, faire un mail et répondre directement au téléphone en anglais seront considérés comme des incontournables. Faire réfléchir votre équipe sur ces changements en cours peut les aider à prendre conscience de cette situation et à mesurer leurs besoins (au niveau de l'écrit ? de l'oral ?...).

La traduire en actions concrètes

Une vision n'est qu'un beau rêve si elle n'est pas traduite en actions concrètes. Avant de (faire) fixer celles-ci, il est nécessaire de les ancrer en prenant en compte plusieurs éléments :

- traduire cette vision en objectifs concrets ;

- faire s'approprier leurs gains par les personnes concernées : quels avantages leur voient-ils ?
- se fixer des indicateurs à un an (ou 3, 6 mois…) pour mesurer le succès ;
- se donner très vite des actions à court terme pour initier l'action. Il est souhaitable que celles-ci soient rapides à accomplir, et dans un laps de temps très court (la semaine, par exemple). Cela enclenche à la fois le mouvement et favorise les premiers succès.

Par exemple, Suzy vient d'être nommée responsable d'une nouvelle équipe. Au-delà de ses tâches urgentes et importantes, elle se rend bien compte que son équipe n'a encore qu'une faible légitimité auprès des autres services. Elle ne souhaite pas laisser faire le temps et s'est fixée comme tâche « importante et non urgente » d'asseoir la légitimité de l'équipe au sein de l'organisation.

Elle a fait valider sa vision par son équipe et a bâti avec elle le plan suivant :

- Objectifs :
  - communiquer sur les réalisations de l'équipe ;
  - se doter d'un pôle de compétences reconnu et ouvert sur l'extérieur ;
- Gain pour l'équipe :
  - gagner en reconnaissance interne et en visibilité ;
  - gagner en compétences ;
  - travailler dans la créativité et l'ouverture.
- Indicateur(s) à un an :
  - un document stratégique partagé et communiqué ;
  - une satisfaction client interne en hausse.
- Premières actions :
  - faire une situation à date, créer des pistes de travail, montrer à quoi cela servirait, bâtir une recommandation avec les gains pour l'entreprise et les moyens nécessaires ;
  - s'associer avec d'autres services.

Voulez-vous réaliser l'économie d'un séminaire de travail ?

Une demi-journée suffit pour bâtir une première approche d'une vision partagée. Le retour sur investissement est significatif.

Interrogez votre entourage proche sur vos propres sources de motivation.

Ce miroir est souvent révélateur.

ENTRETENIR LA MOTIVATION DE CHACUN

Vous souhaitez que vos collaborateurs soient motivés et vous ne voulez d'ailleurs recruter que des personnes motivées. La difficulté vient du fait que la motivation n'est pas un trait de caractère.

Claude Lévy-Leboyer, grande spécialiste française de la motivation, la caractérise comme « un processus qui permet de réaliser des efforts importants pour une activité précise ». Cette notion diffère donc du dynamisme. Vous pouvez être motivé pour certaines choses, mais pas pour d'autres.

En simplifiant, vous êtes motivé professionnellement pour une ou plusieurs des trois raisons suivantes : le plaisir que vous y trouvez, l'atteinte d'un objectif et le respect de vos valeurs.

La motivation par le plaisir

Vous pouvez trouver du plaisir à accroître vos compétences dans votre activité ou à travailler en équipe (satisfaction de bâtir quelque chose avec d'autres). En termes savants, c'est la motivation *hédonique* (recherche du plaisir).

Vous serez motivé si vous avez le sentiment de développer votre professionnalisme. Une participation à un projet, le fait de travailler en équipe sur un sujet qui a du sens pour vous entrent dans ce contexte. À l'inverse, si vous ne percevez pas (à tort ou à raison) ce que vous apporte votre travail actuel, vous aurez l'impression non pas d'avancer, mais plutôt de tourner en rond et de vous disperser dans des activités déplaisantes.

La motivation par l'objectif

Vous pouvez avoir besoin d'un but, que vous vous êtes fixé (« Je veux apprendre l'anglais pour voyager ») ou qui vous est imposé par l'entreprise (« Je veux gagner le bonus associé à l'objectif »). Il s'agit de la motivation *extrinsèque* (liée à des facteurs extérieurs). Le but visé est associé dans votre esprit à une récompense matérielle (une promotion, de l'argent...) ou morale (la poignée de main du responsable, l'inscription sur le tableau des gens méritants...).

Cette motivation est étroitement associée à deux paramètres : le niveau de challenge et le niveau de compétences pour l'atteindre.

- Si le niveau de challenge vous semble à votre portée, à condition de faire un effort et que vous avez (ou que vous pouvez acquérir) les compétences pour y arriver, vous serez très motivé.
- Si, en revanche, le niveau de challenge vous paraît trop élevé soit par l'effort, soit par manque de compétence, vous pouvez être indifférent ou anxieux, selon que l'atteinte ou non met en péril votre poste ou votre revenu.

C'est ce que visait, à l'origine, la DPO. Aujourd'hui, dans nombre d'entreprises, la confusion entretenue par la multiplicité des objectifs et les changements constants de priorités perturbe les équipes (et leurs managers). Elles doivent atteindre leurs objectifs, tout en consacrant leur énergie à des urgences qui les en éloignent. Or la récompense est-elle associée aux objectifs officiels ou aux urgences ?

La motivation par les valeurs

Dans cette catégorie, nous retrouvons pêle-mêle :
- le sens que nous donnons à notre travail (le bénévole de la Croix-Rouge travaille le week-end, motivé par la noblesse de sa mission) ;
- l'esprit d'équipe à l'image des équipes sportives (« réaliser ensemble »...) ;
- le respect des normes du métier ou de l'entreprise (la joie du comptable qui voit sa balance juste) ;
- etc.

Sans respect de ses valeurs, une équipe perd le sens de son travail. La fatigue, voire le découragement, pèse sûrement sur l'entente au sein de l'équipe. Certains peuvent alors s'énerver, d'autres se replier sur eux-mêmes.

Vous avez ces trois formes de motivations en vous. Seulement, une ou deux sont dominantes. Il est important de les repérer tant chez vous que chez vos collaborateurs, ou parmi vos collègues. Cela influe sur votre manière de leur faire partager les priorités qui vous semblent importantes (le raisonnement est similaire si cela concerne votre entourage social ou privé).

Quelles sont vos dominantes ?	Motivation hédonique	Motivation par objectifs	Motivation par les valeurs	Comment leur présenter vos priorités ?
Vous				
Collaborateur ou entourage 1				
Collaborateur ou entourage 2				
Collaborateur ou entourage 3				

Par exemple, vous et vos collaborateurs êtes convaincus qu'il faille développer le niveau d'anglais dans l'équipe. Les hédonistes le feront plus volontiers sous une forme ludique, en équipe. Ceux motivés par les objectifs auront besoin d'objectifs rapprochés qui leur permettent de mesurer leurs progrès. Enfin, ceux motivés par les valeurs ont besoin de normes et de règles (ex. une certification sous forme d'un examen officiel) qui leur donnent un cadre.

Confondez-vous motivation et énergie ?

La motivation est la capacité à faire mieux, voire différemment, alors que l'énergie peut être seulement consacrée à refaire toujours la même chose.

Tentez de connaître la vision de votre responsable pour votre équipe à un an.

C'est le premier pas…

Et vous ?

LE TABLEAU DE BORD, UN OUTIL DE SUIVI ET D'ANIMATION

Dans les entreprises, les services sont bardés de toutes parts d'indicateurs et de tableaux de bord, fruits de dizaines d'années d'expérience de la DPO et du savoir-faire des organisations industrielles. Il est donc souvent inutile de créer de nouveaux indicateurs. En revanche, il est possible d'adopter vis-à-vis d'eux une approche plus vivante.

En effet, les tableaux « classiques » mesurent l'atteinte ou non des résultats. Leur efficacité pour l'animation dépend étroitement de la qualité de la fixation des objectifs. Si ceux-ci ne sont pas perçus comme motivants et atteignables, les tableaux ne seront pas lus.

Par ailleurs, ces derniers ne mesurent pas forcément le travail accompli, mais seulement le résultat. Cela peut être frustrant pour l'équipe si, malgré une grande somme d'efforts, des événements extérieurs bouleversent (dans un sens ou un autre) les résultats.

Par exemple, votre employeur vous a donné comme objectif de faire + 20 % en 2009. Malgré tous vos efforts, vous ne faites que + 10 %. Le résultat est honorable si vous prenez en compte que cela a été réalisé dans un marché en baisse de 15 %. Pourtant, vous n'avez pas atteint votre objectif et… les primes qui y sont associées.

Pour suivre le chemin initié avec la vision partagée, nous vous suggérons d'utiliser un tableau inspiré du modèle *Balanced Scorecard*[1] de Kaplan et Norton. Leur ouvrage[2] a popularisé le tableau de bord dynamique et prospectif, qui décline la performance selon quatre perspectives :

- la perspective financière (comment les financiers nous voient-ils ?) ;
- la perception des clients (comment nous perçoivent-ils ?) ;

---

1. Tableau de bord prospectif.
2. *Le Tableau de bord prospectif*, (voir bibliographie en fin d'ouvrage).

© Groupe Eyrolles

- les processus internes (quels sont nos avantages ? Que devons-nous améliorer ?) ;
- la performance des collaborateurs (comment devons-nous progresser ?).

Vous pouvez adapter ce tableau en utilisant vos outils :

- Comment optimiser votre budget et mieux en tirer parti ?
- Qu'attendent vos clients (au sens large) et en quoi pouvez-vous les aider ?
- Comment mieux travailler ensemble ?
- Comment développer vos compétences ?

Pour chacune de ces catégories, fixez-vous de un à trois objectifs de progrès avec votre équipe. Il ne s'agit pas ici de « réalisations », mais plutôt de leviers pour atteindre les objectifs officiels.

FIGURE 8. Constitution d'un tableau de bord prospectif

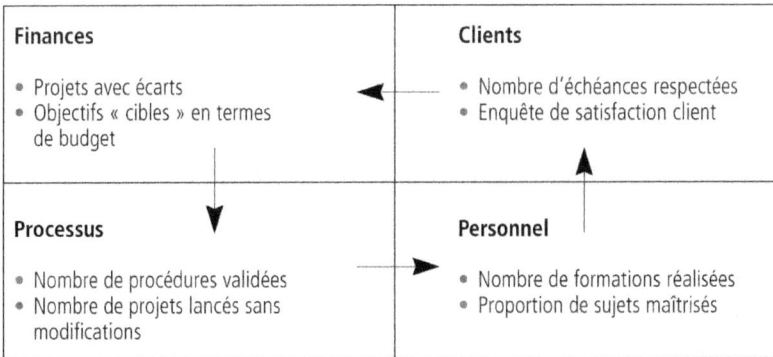

Finances	Clients
• Projets avec écarts • Objectifs « cibles » en termes de budget	• Nombre d'échéances respectées • Enquête de satisfaction client
Processus	**Personnel**
• Nombre de procédures validées • Nombre de projets lancés sans modifications	• Nombre de formations réalisées • Proportion de sujets maîtrisés

L'important n'est pas la qualité des leviers choisis mais l'exploitation que vous en faites en termes de communication en groupe, individuellement, et auprès de votre environnement.

Vos collaborateurs doivent avoir les moyens de mesurer leurs progrès. Cela peut paraître évident, pourtant, à la simple question : « Qu'avez-vous appris depuis deux ans (connaissances, savoir-faire et savoir être) ? », peu d'entre nous sommes capables de répondre immédiatement. Et pourtant, nul doute que nous avons évolué !

Autodiagnostic

	Avez-vous tous les atouts pour faire un tableau de bord des progrès ?	Points
1	Je considère que le but du tableau de bord est d'abord d'informer, et ensuite de permettre la prise de décision grâce à une analyse des écarts.	
2	Je tiens compte du découpage des responsabilités de mon équipe pour sa constitution, son suivi, son contrôle et son exploitation.	
3	Je fais en sorte que mon tableau soit un outil pédagogique.	
4	Je prévois l'établissement de procédures et de règles connues de tous pour la tenue du tableau.	
5	Je fais ressortir les écarts par des différences en valeur absolue ou en pourcentage.	
6	J'analyse non seulement les écarts significatifs, mais aussi les écarts faibles, progressifs et répétitifs.	
7	Je pense que la qualité essentielle d'un tableau est sa facilité de lecture et d'interprétation.	
8	Je suis persuadé qu'un tableau de bord peut inclure toutes les données permettant de progresser.	
9	Chacun de mes collaborateurs doit se sentir concerné par au moins deux indicateurs.	
10	Je crois qu'il est préférable d'avoir des chiffres approchés immédiatement, plutôt que des chiffres précis avec un peu de retard.	
	Total	

Comptez 1 point pour chaque affirmation avec laquelle vous êtes en accord.

Tant que vous n'avez pas obtenu au total 10 points, vous n'exploitez pas encore correctement votre tableau de bord des progrès. Au moins, vous savez comment progresser !

Et vous ?

Proposez à votre équipe de bâtir un tableau de bord des progrès.

Pour que les membres de votre équipe se l'approprient, bâtissez-le avec eux.

Commencez par un nombre restreint d'indicateurs dans votre tableau.

Mieux vaut en ajouter progressivement plutôt que de s'encombrer d'une usine à gaz, intellectuellement plaisante, mais inutilisable en pratique.

SYNTHÈSE

Vous avez un ou des objectifs importants et non urgents. Ils ne vous concernent que rarement tout seul. Le plus souvent, l'implication plus ou moins grande de votre entourage (sur un plan privé), de vos collègues et de votre équipe joue un rôle clé dans la réussite de vos objectifs. La force du collectif est de partager un même horizon et de contribuer à la réussite du ou des projets, même si chaque « élément » emprunte des voies différentes pour y parvenir. En tant que responsable (ou animateur d'une équipe), vous avez un rôle essentiel en invitant vos collaborateurs à partager votre vision. Pour ce faire, laissez-les la reconstruire pour qu'ils se l'approprient, puis convertissez-la en actions concrètes.

Une fois passé l'exaltation de la construction des plans d'action, il faut les faire vivre. Pour vous y aider, il faut :

• d'abord connaître ou reconnaître les formes de motivation de chacun. Celles-ci ont trois aspects :

 – la motivation par le plaisir (de travailler en équipe par exemple) ;

 – l'atteinte d'un objectif (assurez-vous qu'il soit réaliste et atteignable de l'avis de ceux qui sont concernés) ;

 – le respect des valeurs (respect des normes ou des règles).

 Chacun d'entre nous a ces trois formes de motivation en lui, mais deux sont réellement dominantes. Les reconnaître vous permet d'adopter le langage juste pour maintenir le cap.

• ensuite, suivre, grâce à un tableau de bord dynamique, la bonne mise en œuvre des actions. Loin des tableaux classiques purement axés sur le travail passé et l'atteinte des résultats, les nouvelles approches des tableaux dynamiques vous permettent d'apprécier le travail réalisé et les actions à venir sous différents aspects : clients, finances, processus et personnel.

Arrivé à ce stade, vous avez fait le point sur votre activité et vos réalisations, et vous vous êtes fixé de nouveaux objectifs de progrès que vous avez partagés avec votre entourage. Vous allez maintenant travailler davantage sur vous pour adopter les bonnes pratiques.

« Je ne comprends pas la démotivation de mes collaborateurs et des contributeurs. Ils ne pensent plus qu'aux RTT ; les trente-cinq heures nous font beaucoup de mal », s'étonne Quentin, chef de projet confirmé, en dressant le portrait de son équipe. Il reprend : « Nous avons des objectifs clairs. Par ailleurs, nous traitons des projets intéressants situés au cœur de la stratégie de l'entreprise, ce qui fait que nous avons des moyens pour réussir. De plus, nos dirigeants sont à notre écoute. »

Quentin voit juste sur la plupart des points :

- les projets qui lui sont attribués sont des projets clefs ;
- les moyens (humains et financiers) semblent en rapport avec les objectifs visés ;
- les objectifs sont SMART (Spécifiques, Mesurables, Atteignables, Réalistes et avec un Temps bien défini).

Toutefois, personne ne semble réellement motivé, le taux d'absentéisme est important, et les congés et autres RTT sont scrupuleusement pris, quelle que soit l'urgence du moment.

Le discours général des membres de l'équipe est pourtant loin de l'idéologie des loisirs. Ils reprochent à leur encadrement un manque de reconnaissance sur les buts atteints et une course permanente à l'objectif :

- « Les objectifs officiels de l'année sont clairs… une fois qu'ils sont fixés en avril ! De ce moment à la fin de l'année, notre interrogation porte plus sur les mille et une autres tâches complémentaires à effectuer, qui ne sont pas en rapport avec les objectifs. »
- « La direction prend toujours des décisions tournées vers le chemin à parcourir, avec la notion d'urgence et de crise. Elle oublie les actions qu'il nous reste à mener sur les projets passés. »
- « Nous avons une culture de *crash program*[1]. À force de vivre dans cette urgence permanente, elle devient banale et nous n'y faisons plus attention. »

Quentin pensait être attentif à la qualité de son management et à l'écoute de ses collaborateurs. Dans ces circonstances, il se sent incompris, voire trahi : « Ce sont des pleurnichards. Plus vous vous occupez d'eux, plus ils en veulent ! » Puis, après un temps de réflexion, il s'interroge : « Que puis-je faire ? Je ne vais pas revenir à la méthode du père fouettard : le bâton, le bâton et le bâton… »

Peu de temps après, a lieu une réunion rassemblant Quentin et son équipe projet. Des besoins en termes de management en ressortent. Quentin n'est pas « attaqué » en tant que personne, la grande majorité des participants le reconnaissent comme un bon manager, malheureusement pris entre le marteau et l'enclume. Le décalage vient plus de

---

1. Programme d'urgence.

la différence entre la demande et la manière dont elle est perçue : « Tout est pour hier, nos marges d'autonomie sont nulles. On nous demande de savoir prendre du recul et en même temps, on nous reproche d'éteindre nos portables en réunion. »

Tous éprouvent un fort sentiment de stress et s'estiment freinés dans leur capacité à agir, ils ont l'impression de subir, d'être des exécutants. Leur regard sur la communication en place montre l'écart qui existe avec leurs souhaits : « Les tableaux nous disent où nous en sommes, ce que nous savons déjà. Par ailleurs, cela ne sert à rien de nous dire que nous devons faire plus d'efforts. »

De retour dans son bureau, Quentin consulte ses objectifs : une lettre de gestion signée par son directeur qui comprend… 45 objectifs et indicateurs. Pour les suivre, Quentin tient à jour un dossier de 26 pages ! Il pointe du doigt au hasard deux indicateurs et constate qu'il est incapable de dire à brûle-pourpoint où il en est. Il comprend alors ce que ressent son équipe : elle se sent comme un écureuil courant indéfiniment sur la roue qui forme sa cage. Ses collaborateurs travaillent beaucoup, mais à force de courir après des objectifs sans vision d'ensemble, ils perdent le contact avec la réalité.

Quentin s'en inquiète : « Je ne peux pourtant pas rediscuter les ordres de la direction… » Petit à petit, il prend conscience de ce que signifient les objectifs pour son équipe. Les suivis, tableaux de bord et autres indicateurs sont pour eux des constats tournés vers le passé. Ils sont vécus comme des outils de censure et de contrôle (seuls les résultats négatifs sont largement commentés). Par ailleurs, provenant de la direction, les chiffres imposés sont perçus comme irréalistes.

Il faut que « l'animal sorte de la cage », Quentin en prend conscience. En s'interrogeant sur son équipe, il réfléchit aussi sur lui-même et sur sa fonction : « Qu'attend de moi la direction : des prises de décision ? de l'initiative ? Me reconnaît-elle le droit à l'erreur ? »

Il estime important d'être exemplaire vis-à-vis de son équipe et de débattre du sujet avec elle. En effet, comment leur donner confiance s'il se sent lui-même un peu perdu avec de tels objectifs ? Il doit réussir à leur dire des choses difficiles tout en gardant leur confiance.

Quentin est un manager. Il organise bien le travail de son équipe, la suit et s'assure de sa progression vers l'objectif. Sous cet angle, il n'a pas démérité. Seulement, il mesure les limites de son rôle. Pris entre deux feux, il ne peut que gérer au mieux des situations diverses qui bousculent en permanence les plannings.

Les membres de son équipe demandent de la visibilité et de la reconnaissance. Quentin n'est ni le « grand boss », ni un magicien, il ne sait que faire à son niveau…

Il analyse sa propre activité et constate qu'il est pratiquement tout le temps en zone d'urgence. Lui non plus ne prend pas assez de recul, et comprend qu'il envoie par son attitude un message différent de celui qu'il énonce. Pas facile toutefois, dans sa situation, de prendre du recul. Suivant les conseils qu'il a lui-même prodigués à son équipe, il choisit de consacrer 5 % de son temps pour traiter l'important/non urgent. Pour cela, il retient le mercredi matin, de 8 h 30 à 9 h 30 et le vendredi après-midi de 13 h 30 à 14 h 30, des moments où il n'y a, en général, pas de réunion. Il s'arrange avec un de ses adjoints pour lui transférer ses appels.

Puis, il décide de sortir du court terme en se donnant une vision à 12 mois. Il choisit, après entretien avec ses collaborateurs et ses collègues, de favoriser la reconnaissance de l'équipe auprès des autres unités. Une analyse des facteurs de motivation de ses collaborateurs lui révèle qu'ils sont majoritairement motivés par l'esprit d'équipe, puis par le travail de qualité et quelques-uns par les objectifs.

Après avoir présenté son objectif à son équipe, il les reçoit un par un pour établir avec chacun d'entre eux un plan de développement de leurs compétences : que leur faut-il pour progresser ? À sa grande surprise, la formation en salle classique est peu demandée. Compte tenu de la variété des savoirs et savoir-faire, il est possible de faire du transfert de compétences en les faisant travailler en binôme.

Lors de la réunion suivante d'équipe, il favorise un « marché aux coachs » où chacun met en avant son savoir-faire et propose à ses collègues son appui. Un tableau de bord dynamique est construit pour suivre les progrès de chacun. Petit à petit, grâce à ces actions, l'équipe reprend vie.

LOI DE TORQUEMADA[1]

Si vous êtes sûr d'avoir raison, vous avez un devoir moral d'imposer votre volonté à quiconque est en désaccord avec vous.

1. Grand inquisiteur d'Espagne au XVe siècle.

PARTIE 3

DÉVELOPPER SES COMPÉTENCES EN TERMES DE GESTION DU TEMPS ET DES PRIORITÉS

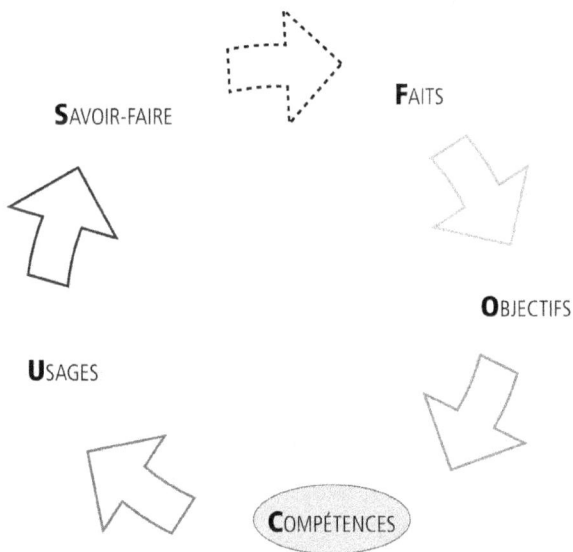

SAVOIR-FAIRE

FAITS

OBJECTIFS

USAGES

COMPÉTENCES

PARTIE

DÉVELOPPER SES COMPÉTENCES
EN TERMES DE GESTION
DU TEMPS ET D'ÉNERGIE

5

Organiser son temps

Vous avez fait le choix de consacrer du temps aux tâches *importantes mais non urgentes*. Pour vous aider à tenir vos bonnes résolutions, vous pouvez gagner du temps sur toutes vos autres tâches en les structurant mieux. Apprenez ainsi à faire le tri parmi toutes vos priorités. Une fois bâtie votre grille de priorités, vous êtes à même d'agencer votre temps à l'aide d'outils de votre choix. Cette approche met en évidence l'un des paradoxes du temps : il est souvent encombré de routines qui n'ont plus de valeur à date et nous empêchent de nous centrer sur nos vraies priorités. Prenez conscience de vos habitudes : certaines sont bonnes (du moins pour vous), d'autres sont plus discutables et peuvent être remises en cause. Vous pourrez ainsi faire la chasse aux voleurs de temps qui vous font souvent plaisir, mais… qui vous font aussi perdre du temps !

AFFINER SES PRIORITÉS

Si vous effectuez les tâches dans l'ordre où elles vous parviennent – le fameux LIFO (*Last In First Out*) des comptables et des gestionnaires de stocks –, il n'est pas étonnant que les priorités ne soient pas respectées. À l'inverse, si vous traitez d'abord les urgences – FIFO (*First In First Out*) –, comment faire avancer le travail de fond ?

L'ordre dans lequel effectuer les tâches n'est pas si évident, et ce pour différentes raisons :

- vous voulez à la fois exécuter votre travail et satisfaire vos responsables et vos collaborateurs ;

- vous avez peur de vous tromper ;
- vos propres critères de priorité s'opposent parfois à ceux des autres ;
- vous craignez des retombées si une demande de la hiérarchie n'est pas réalisée à temps.

Agir, traiter l'urgent, c'est toujours « faire ». Être dans l'action vous dynamise, alors que vous vous sentez coupable si vous ne répondez pas aux demandes pressantes.

Comment alors hiérarchiser vos priorités ? Vous avez en effet à effectuer des tâches relativement urgentes en fonction des délais que vous vous fixez (ou qui vous sont imposés). Ces tâches peuvent prendre un temps plus ou moins long ; elles peuvent ne dépendre que de vous ou aussi du travail d'autres personnes ; elles peuvent s'effectuer en une fois ou de manière morcelée dans le temps...

Comment choisir parmi elles celles qui sont à traiter immédiatement ?

Les degrés de priorité

Le degré de priorité d'une tâche est fonction de l'importance de la tâche et de la durée estimée pour sa réalisation, comme le montre le tableau suivant.

FIGURE 9. Le tableau de choix des priorités

Réalisation Importance	Rapide	Longue
Moindre	B	D
Forte	A	C

En supposant que vous ayez des tâches des quatre types à effectuer, par lesquelles commenceriez-vous ?

Il y a généralement un consensus sur le fait de choisir :

- de commencer par « A » (réalisation rapide/forte importance) pour vous en débarrasser ;

- et de terminer par « D » (réalisation longue/moindre importance).

Le vrai débat porte donc sur « B » et « C » :

- privilégier « C » (réalisation longue/forte importance) peut sembler logique. Toutefois, dans un monde turbulent, attendre est parfois utile ;

- choisir « B » (réalisation rapide/moindre importance) en seconde option est aussi une bonne idée : cela dépend si vous devez effectuer vous-même la tâche, ou si vous pouvez la déléguer.

Dans tous les cas, le risque est que les demandes perçues comme peu importantes peuvent changer de délai à tout moment (ce qui vous semblait lointain devient un jour très urgent).

Construire une grille de priorités

Pour choisir quelles tâches privilégier, construisez une grille de priorités. Vous cocherez les cases correspondant aux affirmations qui vous semblent vraies pour chaque tâche (ajoutez si besoin à la fin du tableau des affirmations supplémentaires).

Tâche / Critère de priorité	1	2	3	4
Elle me rapproche de mes objectifs.				
Elle m'a été demandée par un supérieur.				
Le travail des autres en dépend.				
Les conséquences d'un retard sont importantes.				
Je suis le seul à pouvoir la réaliser.				
La réalisation de cette tâche a un impact non négligeable sur l'équipe.				
…				

Faites l'exercice sur une journée récente d'activité : rappelez-vous son déroulement, vos bonnes intentions et les multiples écarts volontaires ou non. Peut-être qu'avec une telle grille, vous seriez resté plus centré sur vos priorités.

Pensez-vous que si vous ne répondez pas rapidement à un e-mail, vous aurez un appel téléphonique ?

Éduquez vos interlocuteurs. Dites-leur que vous allez bientôt prendre connaissance de leur message et remerciez-les de vous avoir prévenu.

« Tout ordre donné sans une date limite d'exécution est sans valeur. » (Maréchal Lyautey)

Faites preuve d'exemplarité auprès de vos collaborateurs. Négociez des délais autres que « dès que possible ».

AGENCER SON TEMPS

Comment tirer parti de toutes ces considérations sur la gestion du temps ? Une planification à plusieurs niveaux (mensuel, hebdomadaire, quotidien) vous y aidera.

Une planification à plusieurs niveaux

Planifier, c'est avoir une vue d'ensemble des tâches à accomplir et leur allouer un temps raisonnable. Nous supposons ici que les tâches sont à effectuer sur un horizon de temps qui peut être la journée, la semaine ou le mois, et que vous êtes en mesure d'estimer leur délai de réalisation. Bien sûr, vous acceptez aussi que tout ne soit pas planifiable et donc que vous conserviez du temps disponible pour les impondérables.

La meilleure manière d'agencer son temps est d'utiliser un agenda ou un support visuel qui facilite la visualisation de vos objectifs. Vous vous donnerez ainsi une discipline :

Chaque mois :	• reportez les actions récurrentes (par exemple la réunion du troisième mardi du mois) • réservez des plages de temps pour les tâches importantes non urgentes (les 5 à 10 % de temps clés) • notez les actions importantes et urgentes

Chaque semaine :	• vérifiez le vendredi soir la place allouée aux tâches importantes la semaine suivante • assurez-vous de l'adéquation du temps consacré à chaque projet • préparez-vous le vendredi soir
Tous les jours :	• fixez-vous trois objectifs par jour et restez concentré sur leur atteinte • assurez-vous que vous pouvez faire dans la journée les tâches prévues • préparez-vous mentalement le soir pour le lendemain

Pensez à vous accorder des temps de tranquillité sans interruption (transférez votre ligne téléphonique pour ne pas avoir mauvaise conscience).

L'utilité de l'agenda va au-delà de la planification

L'agenda n'est pas seulement utile pour planifier. Il peut vous permettre de regrouper des informations (et de les retrouver facilement). Vous pouvez y noter vos idées, l'utiliser comme bloc-notes lors des réunions, et même vous en servir comme annuaire de vos contacts.

En bref, ôtez-vous de l'esprit que l'agenda est un outil pour les personnes qui ont des rendez-vous ou des réunions à des moments variables. Même si votre travail est récurrent, l'agenda peut devenir un support de mémorisation : il vous libère de la préoccupation de ne rien oublier et évite la dispersion des informations.

Choisissez donc un type d'agenda qui vous permet d'intégrer des fiches de couleurs, des annotations et des informations permanentes : contacts, *check-lists,* plans de villes ou horaires de trains ou d'avions…

Papier ou électronique ?

Le support importe peu : vous pouvez choisir l'un ou l'autre.

Le support papier permet de prendre des notes facilement, offre une visualisation « jour, semaine et année » quasiment en parallèle ;

il convient à ceux qui ont besoin d'écrire pour mémoriser. Il a, en revanche, l'inconvénient, d'être souvent plus volumineux et plus lourd.

Le support électronique (intégré dans les Smartphones, par exemple) a l'avantage de la taille et du poids. Il peut se mettre à jour automatiquement avec les logiciels *ad hoc*, ce qui est bien utile quand votre entreprise institue des agendas électroniques partagés. Il peut aussi vous permettre de programmer des alertes. Il est moins pratique pour la prise de notes (à moins d'être un virtuose du stylet).

Vous pouvez parfaitement combiner les deux : le papier pour le planning et la prise de notes, et l'électronique pour les rendez-vous et les contacts. Les combinaisons de la sorte sont nombreuses. Certains y ajoutent le « grand calendrier » cartonné qui permet d'avoir en face de soi son planning pour le semestre.

Et vous ?

Estimez-vous qu'il vous suffise d'avoir votre planning en tête pour bien agencer votre temps ?

L'agencement du temps se fait sur plusieurs niveaux. Vous n'avez souvent en mémoire qu'un de ceux-ci. Est-ce suffisant ?

Choisissez le support qui vous convient.

Papier ou électronique, peu importe, du moment que vous respectez les règles.

LIMITER LES PERTES DE TEMPS

C'est bien d'organiser son temps, encore faut-il ne pas le perdre. L'analyse de la structure de votre temps vous a peut-être permis de constater que vous « abusez » des passe-temps et des jeux psychologiques. Il existe bon nombre d'occasions de perdre du temps, volontairement ou non. Ce sont les mille et une pratiques ou habitudes qui vous volent du temps. Comment les limiter ?

Les « petits » voleurs de temps

Les « petits » voleurs de temps sont les interruptions en tout genre, qui peuvent être :

- involontaires : visiteurs imprévus, problèmes technologiques de tout ordre (par exemple une panne d'ordinateur) ;
- plus ou moins volontaires : consultation en temps réel de la messagerie, passe-temps divers, mauvaise circulation de l'information au quotidien, etc.

Les plus courants sont les interruptions téléphoniques, le manque de rigueur dans son rangement, et les informations inexactes. Les identifier est un exercice intéressant. Vous constaterez qu'ils sont liés à votre organisation, votre comportement, votre hiérarchie des priorités, vos compétences et/ou votre rapport à autrui.

EXERCICE

Faites l'exercice suivant et reportez-vous au chapitre correspondant pour rechercher des solutions :

Origine des voleurs de temps	Exemples *(liste non exhaustive)*	Cela s'applique-t-il à vous ?	
		Oui	Non
Les **F**aits (voir chapitres 1 et 2)	Favoriser le traitement des urgences Privilégier les passe-temps Faire toujours plus de la même manière ...		
Vos **O**bjectifs (voir chapitres 3 et 4)	Méconnaissance des priorités Vouloir tout contrôler Privilégier les urgences ...		
Vos **C**ompétences (voir chapitres 5 et 6)	Vouloir tout retenir de mémoire Distraction Aimer les détails ...		
			.../...

Origine des voleurs de temps	Exemples (liste non exhaustive)	Cela s'applique-t-il à vous ?	
		Oui	Non
Vos **U**sages (voir chapitres 7 et 8)	Manque de délégation Perte de temps au téléphone Absence de planification …		
Vos **S**avoir-faire (voir chapitres 9 et 10)	Tolérer des interruptions fréquentes Ne pas savoir dire non Manque de clarté dans vos communications …		

Les remèdes pour limiter les pertes de temps, vous les connaissez sûrement ou vous pouvez les trouver facilement : avoir toujours avec vous des documents à lire, un outil mémo (papier et crayon ou agenda électronique), un livre à lire pour vous détendre… Vous utiliserez agréablement le temps passé dans les transports, et vous aurez l'esprit plus frais en arrivant à votre rendez-vous.

Rappelez-vous lorsque vous étiez étudiant : les leçons apprises la veille et relues avant de vous endormir étaient mieux mémorisées que celles vues à la dernière minute !

Dans le fond, avez-vous vraiment envie d'appliquer ces recettes ? Si non, interrogez-vous sur vos grands voleurs de temps.

Les « grands » voleurs de temps

Ils sont liés :

• à *ce que vous aimez faire* : vous avez plaisir à réaliser tel ou tel tableau (souvent parce que vous vous en chargiez dans un emploi précédent) et vous continuez à vous en occuper, même si vous pourriez déléguer cette tâche. Ce type d'action peut représenter 10 à 15 % de votre temps.
Imaginons trois chefs d'entreprise du bâtiment qui ont les mêmes activités. Le premier se fait un point d'honneur de calculer l'approvisionnement des chantiers. Le deuxième tient à suivre toutes les réunions

de chantiers. Le troisième synthétise systématiquement les tableaux de suivi des chantiers. Si chacune des tâches est si essentielle, pourquoi n'y attachent-ils pas tous autant d'importance ? Peut-être parce qu'ils n'y trouvent pas tous la même satisfaction...

- à votre forme de travail et notamment à *votre définition de la perfection.* Si la recherche de cette dernière est louable en soi, il faut aussi savoir s'arrêter. Par ailleurs, ce que vous appelez « perfection » n'est pas perçu de la même manière par ceux qui assurent la suite de votre travail ;

- aux *conflits entre personnes* et à ce que nous appellerons plus globalement le « stress relationnel ». Vous consacrez plus de temps à mettre de l'huile dans les rouages de vos équipes qu'à votre activité elle-même.

Les grands voleurs de temps sont moins faciles à contrer. Vous pouvez toutefois vous focaliser sur le cœur de votre métier, bloquer des créneaux de temps pour une tâche et ne pas les dépasser, et mieux préparer les réunions auxquelles vous participez. Pour réussir, fixez-vous des petites étapes d'amélioration (au niveau de la semaine par exemple) et... fêtez vos réussites !

Attendez-vous que votre manager montre l'exemple ?

Raison de plus pour ne pas vous laisser submerger, à moins que vous n'ayez le recours de « noyer » vos propres collaborateurs ! Vous sentiriez-vous alors à l'aise ?

« Que peu de temps suffit pour changer toutes choses. » (Victor Hugo)

Tester cette démarche, c'est l'adopter !

SYNTHÈSE

Organiser son temps est simple en apparence, mais complexe en réalité. En fait, nous exprimons notre personnalité et notre relation à l'autre, et au travail en général, dans cet agencement. Améliorer la structure de son temps, c'est prendre conscience de son mode de fonctionnement. Cela demande de l'honnêteté et de l'intégrité vis-à-vis de soi-même, parce que l'image renvoyée peut ne pas nous plaire. En effet, elle peut être décalée de ce que nous voudrions laisser paraître. Pourtant, cette étape est indispensable pour progresser.

Le deuxième miroir dans lequel vous devez vous plonger est celui de vos priorités. Vous êtes peut-être naturellement tenté de vous concentrer sur quelques tâches, ou au contraire vous aimez « papillonner » au gré des urgences. La fixation d'une grille d'analyse des priorités vous aidera à y voir plus clair. Après, vous êtes libre ou non de la respecter…

Vous êtes alors prêt à agencer votre temps, en fonction de vos objectifs et de vos priorités. Pensez à le faire tant au niveau de la journée que de la semaine, du mois et du semestre. Cela augmentera votre sensation de progrès vers le but.

« Yapluka » pouvez-vous vous dire à ce stade. Malheureusement, la mise en pratique de toutes ces bonnes actions va sûrement vous révéler que de la coupe aux lèvres, il y a une marge importante, dans laquelle vont se glisser plein de petits et grands voleurs de temps. Si vous ne pouvez pas tous les éliminer (il ne faut pas rêver), il est de votre devoir de les réduire sous peine de voir vos efforts vains. Au final, vous y aurez gagné une meilleure connaissance de vous-même, de vos forces et de vos « petites » faiblesses. De nouvelles pistes de progrès s'offrent à vous…

Cas pratique

Sophie travaille presque non-stop de 8 heures à 20 heures, sans compter le temps passé sur les dossiers qu'elle emporte chez elle. À ses yeux, un bon chef de projet doit être exemplaire : premier arrivé, dernier parti.

Reconnue et respectée par sa hiérarchie, Sophie s'est toutefois vu récemment reprocher son productivisme : « Prenez un peu de recul, profitez de vos RTT ! Vous allez brûler votre énergie à ce rythme », l'a même prévenue son responsable. Cependant Sophie ne comprend pas ce langage. « C'est facile pour lui de dire cela, se dit-elle. Il a l'art et la manière de me transférer ses tâches. Résultat : je suis surchargée, tandis que lui travaille plus tranquillement. Moi, je ne peux pas déléguer aussi facilement mon travail au sein de l'équipe. Mes collaborateurs n'ont pas suffisamment de rigueur. »

Elle se remémore la discussion qu'elle a eue avec eux à son arrivée : « Ce n'est pas compliqué, il me faut votre *reporting* sur vos réalisations hebdomadaires pour le lundi à

11 heures. Vous pouvez le faire le vendredi après-midi ou le lundi matin, mais pas plus tard, car je veux en réaliser la synthèse le lundi après-midi. »

Pourtant, depuis un an qu'elle anime son équipe projet, seul Sébastien lui envoie sa synthèse à temps, et encore, le document est incomplet ! Julie lui communique la sienne à 14 heures, Andréa la termine vers 17 heures (après au moins cinq rappels par e-mail ou téléphone). Leïla, de son côté, trouve toujours une bonne raison pour la lui adresser vers 19 h 30 le lundi soir (quand elle ne l'envoie pas par e-mail à 2 heures du matin !).

Dans ces conditions, Sophie termine presque toutes les semaines son rapport le soir, voire à l'aube chez elle le lendemain matin. Elle a beau multiplier les réunions sur ce thème, valoriser l'importance du sujet, utiliser la carotte et le bâton… rien n'y fait.

Ses collaborateurs lui resservent régulièrement les arguments suivants :

- « Le *reporting* est utilisé seulement lors de leur réunion du mercredi. » ;
- « Il fait double emploi avec les comptes rendus de réunion. » ;
- « De toute façon, personne ne le lit ! » ;
- « Nous n'avons jamais de retour sur cette synthèse. » ;
- « Une semaine sur deux, cela suffit ! Surtout quand il ne se passe rien… » ;
- etc.

Sophie reconnaît le bien-fondé de certains arguments. Pourtant, elle estime qu'elle doit maintenir la pression : « Il s'agit d'une question d'autorité. Si je leur cède, ils me demanderont de faire un compte rendu toutes les trois semaines, puis quatre… Il y va aussi de notre image. Nous sommes la seule équipe projet à effectuer un *reporting* hebdomadaire complet. » De plus, contrairement à certains de ses collègues qui rendent un document succinct tenant sur une feuille, Sophie réalise six pages comprenant force schémas et indicateurs de son cru pour montrer l'avancée de son projet.

La goutte d'eau qui fait déborder le vase est provoquée par Andréa, qui ne peut rendre à temps son rapport (c'est-à-dire aussi tard que d'habitude). À sa grande honte, Sophie doit décaler la remise du *reporting* au mercredi matin, soit deux heures avant la réunion du comité de pilotage.

L'explication avec la retardataire est orageuse. Andréa argue qu'elle a été débordée : des impératifs de dernière minute l'ont obligée à faire des choix : « Je n'allais pas bloquer le travail de cinq personnes pour deux heures de retard, alors que le comité n'a besoin de la synthèse que le mercredi ! » Soumise à un interrogatoire serré sur son agenda, elle reconnaît avoir exécuté des tâches diverses peu importantes le vendredi et le lundi matin, ce qui explique qu'elle a été prise au dépourvu par une urgence survenue à 10 heures ce même lundi.

Sophie a du mal à lui faire intégrer ce qu'elle lui dit pourtant régulièrement : « Anticipe, profite des périodes plus calmes pour t'avancer. » Andréa acquiesce toujours, puis reproduit inlassablement le même schéma. Sophie a déjà constaté de nombreuses fois, et pas seulement pour le *reporting*, qu'Andréa travaille toujours à la dernière minute dans l'urgence et compense ce fait par des horaires élastiques. Cette approche aux antipodes de la sienne met Sophie hors d'elle. Elle a tout essayé : cadrer son activité, la féliciter, la menacer... « Tu es trop parfaite, tu ne peux exiger des autres le même soin du détail », lui répond systématiquement Andréa.

La situation de Leïla est différente. Celle-ci est organisée et anticipe les événements. Dans le cas présent, elle a bien débuté son compte rendu le vendredi soir. Seulement, elle a été sans arrêt interrompue par des demandes variées. Comme elle est d'une nature serviable, elle a pris du retard. « Comment lui apprendre à dire non ? se demande Sophie. J'en arrive à ne pas en vouloir à Sébastien qui, lui au moins, me retourne son *reporting* en temps et en heure. Bien sûr, son document n'est pas complet, mais il y a le principal. »

Il faut dire qu'à la décharge de Sébastien, celui-ci envoie son compte rendu sur le modèle de nombre de ses collègues d'autres équipes : une vingtaine de lignes, avec en annexe les chiffres clés et les documents détaillés. Cela n'est pas forcément du goût de Sophie, d'où un débat permanent. « Pourquoi devons-nous fournir trois fois plus de travail que les autres ? Faisons simple ! » s'étonne Sébastien, ce à quoi Sophie rétorque : « Nous ne sommes pas les autres ! » Elle est un peu à court d'arguments avec ce petit malin de Sébastien, qui fait toujours au plus « juste » et au plus vite. Il n'y a rien à dire sur l'objectif final, mais son comportement frise l'irrespect pour la chef de projet.

Quant à Julie, son cas fait pitié à Sophie. Julie passe une grande partie de son vendredi à faire le *reporting*. Elle a des horaires aussi larges que sa responsable et ne ménage pas son temps. Pourtant, le résultat n'est pas à la hauteur de ses efforts : son travail est loin d'être parfait. La dernière fois, Sophie a même dû le reprendre avec elle. « J'ai pourtant travaillé six heures dessus ! » se lamentait Julie.

« Qu'ai-je fait pour avoir des collaborateurs aussi différents les uns des autres ? » s'interroge Sophie. Elle a même organisé un séminaire pour leur expliquer sa méthode : pour réussir, il faut se différencier, travailler mieux que les autres, être impeccable et se donner un haut niveau de qualité. Seule celle-ci paie. Il ne faut donc pas rechigner sur ses heures...

« Tu aurais dû travailler dans les années cinquante avec mon grand-père, la raille parfois Sébastien. Maintenant, il faut aller vite et au plus simple. »

Dans ces cas-là, Julie prend sa défense, mais elle n'est pas crédible aux yeux de ses collègues. Leïla, pour sa part, est partagée : « La qualité est récompensée, oui bien sûr, mais pas seulement la qualité de la production : il faut y ajouter celle du service. La gestion en mode projet, c'est l'entraide : il faut savoir perdre du temps pour aider les autres. À terme, cela paye. »

Sébastien ricane : « Oui, oui, à terme, ils te licencient ou te donnent plus de travail ! »

Quant à Andréa, elle est en guerre ouverte avec la pendule. Elle n'est jamais aussi efficace que lors des coups de feu, dans une course contre la montre. « Elle aurait dû être pompier », se dit Sophie.

Pendant ce temps-là, le besoin reste entier : Sophie n'obtient pas son *reporting* à l'heure...

Sophie a bien réalisé qu'elle gère une équipe hétérogène. Sa grande difficulté est qu'elle a un niveau d'exigence plus élevé que celui de ses collaborateurs. Elle a donc du mal à obtenir ce qu'elle veut, ce qui se traduit par des colères et des menaces de sa part... sans résultats. Pourtant, les membres de son équipe l'apprécient et cherchent à faire du mieux qu'ils peuvent, mais cela ne semble pas suffire.

Sophie a une exigence de perfection qui n'est pas en adéquation avec la réalité. Elle doit confronter ses choix à ceux de son environnement (ex. au niveau du reporting) pour déceler les poches de surqualité (voire de sous-qualité) et adapter ses actions aux besoins de ses interlocuteurs.

▬ LOI DE MURPHY[1]

Chaque chose prend toujours plus de temps qu'on ne le prévoyait au départ.

1. Le capitaine Edward Murphy de l'US Air Force, énonça une loi de ce genre en 1949, à propos de son assistant : « Si ce type a la moindre occasion de faire une erreur, il la fera ». Depuis, de très nombreuses lois de ce style furent écrites et sont toutes appelées « loi de Murphy ». Ces lois mêlent la boutade et l'expérience sarcastique empirique.

6

Prendre du recul

Vous savez maintenant profiter au mieux du temps passé. Toutes les pratiques proposées dans cet ouvrage conduisent d'ailleurs à mieux gérer ses priorités. Cela signifie-t-il dégager du temps pour travailler plus ? Jusqu'à quelle limite ? En espérant pouvoir tout faire ? Prenez conscience que vous ne pouvez plus tout faire. Apprenez plutôt à travailler mieux... Comment tenir compte de son rythme au bureau ? Pourquoi ne pas se récompenser pour ses succès ? Enfin, comment séparer nettement vie professionnelle et vie privée ?

TENIR COMPTE DE SES RYTHMES D'ACTIVITÉ

Savoir souffler ou prendre du recul, c'est d'abord suivre son propre rythme. Cette approche, connue sous le nom de « biorythme », enseigne que nous ne sommes pas tous « programmés » de la même façon. Certains travaillent mieux le matin, et d'autres le soir. Pourtant, la vie dans l'entreprise ne prend pas ce rythme en compte ; ou plutôt, nous ne tenons pas toujours compte de notre biorythme dans notre activité.

Tous en rythme

Qu'est-ce que les biorythmes ? Cette théorie date du XIXe siècle et est l'œuvre de deux médecins : les docteurs Wilhelm Fliess et Hermann Swoboda. Leurs travaux seront complétés plus tard par Alfred Teltscher et le professeur Tatai.

Notre corps est régi par un certain nombre de cycles qui provoquent des modifications chimiques dans notre cerveau et notre corps. Il existe de nombreux cycles, toutefois la théorie des biorythmes se concentre généralement sur trois d'entre eux (cycles physiques, intellectuels et émotionnels).

La connaissance de vos biorythmes vous permet de mieux comprendre vos périodes les plus productives. Souvent, nous les connaissons de manière intuitive, sans toutefois bien corréler les trois cycles entre eux.

Nous vous suggérons d'identifier votre propre rythme sur deux à trois semaines : notez les activités effectuées dans la journée avec les horaires, en précisant pour chacune si vous vous sentez efficace.

Si vous souhaitez d'autres méthodes, voici quelques sites qui calculent votre biorythme gracieusement (sans garantie sur la validité des méthodes) :

www.asiaflash.com/prenom/bioprenom.shtml,
www.catfamilie.com/01-horoscopes/calcul-biorythme.htm,
www.biorythmes.free.fr/

Voici ainsi mon biorythme du mois de novembre 2009, selon le dernier site :

FIGURE 10. Les trois cycles du biorythme

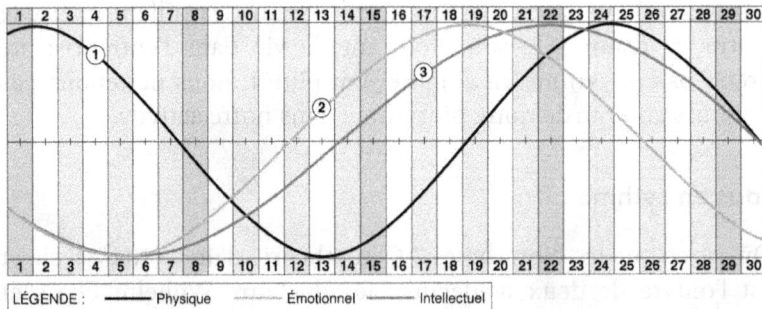

Le trait 1 représente le biorythme sur le plan physique, le trait 2 l'émotionnel et le trait 3 l'intellectuel. Vous trouverez sur les sites indiqués ci-dessus des grilles d'interprétation.

En restant au simple stade de la journée et de vos moments privilégiés de travail ou non, vous allez devoir concilier ce schéma de compétence idéale avec celui du plaisir. Imaginons que vous êtes du matin (tôt le matin, avec un rendement décroissant en seconde moitié de matinée), et que vous aimez prendre le café en arrivant avec vos collègues et lire tous vos e-mails au fil de l'eau. Vous allez gâcher du temps de travail efficient que vous pourriez consacrer à des travaux de fond. Ces activités seraient pour vous mieux placées en seconde moitié de matinée, à l'heure où votre rendement baisse. Pourquoi ne pas suggérer à vos collègues une pause-café à 10 h 30 et traiter ensuite vos e-mails, ce qui ne demande, en général, pas trop de concentration ? Peut-être que cette nouvelle organisation leur sera aussi profitable…

Il est indispensable de prendre conscience que vous travaillerez de manière plus efficace si vous réservez vos plages d'activité optimale aux tâches les plus difficiles, les plus importantes ou demandant une réflexion créative.

Accepterez-vous de changer vos habitudes, même si ce sont des activités qui vous plaisent particulièrement ? Si vous vous sentez prêt, vous y gagnerez un meilleur rendement (les travaux de fond seront réalisés plus rapidement) et vous vous sentirez moins fatigué (les travaux difficiles sont effectués au meilleur moment). Peut-être y perdrez-vous, en revanche, votre nonchalance (vous ne choisissez plus vos activités selon votre humeur), ainsi que de bonnes excuses pour reporter des tâches ardues, compte tenu de votre fatigue.

Variez les plaisirs

Voici quelques règles pour commencer :

- après avoir identifié vos périodes d'efficacité et de relâchement, réorganisez votre planning quotidien ;
- organisez l'alternance dans vos activités : travail personnel, rendez-vous externes, réunions internes ;

- prévoyez quelques temps forts au bon moment durant la semaine pour travailler sur des sujets demandant du temps et une forte concentration ;
- faites part de votre biorythme aux membres de votre équipe (attention aux arbitrages entre leurs rythmes et le vôtre !).

Prenez garde à la lassitude qui vous guette si vous enchaînez des tâches similaires toute la journée, tel un marathonien (« Je traite le dossier X, puis le dossier Y, puis le dossier Z... »). Cette organisation est source de stress. De plus, l'efficacité décroissante est garantie. Employez plutôt le temps disponible entre chaque dossier à passer des appels téléphoniques, à donner des informations à vos collègues, à des activités variées qui « cassent » le rythme et vous ressourcent.

Vous pouvez, par ailleurs, changer de moyen de transport ou d'itinéraire pour éviter les effets de la lassitude, ou encore limiter les e-mails en vous déplaçant dans les bureaux pour rencontrer les « clients » internes... Bref, organisez la variété, multipliez les contacts et bougez !

Et vous ?

Pensez-vous en lisant ce qui est écrit ci-dessus : « Vous n'êtes pas à ma place ! » ?

C'est vrai, chacun d'entre nous est d'abord responsable de lui-même.

Notre biorythme évolue dans le temps et en fonction des saisons, des vacances, etc.

Réévaluez-le régulièrement.

OBTENIR DES RÉCOMPENSES BIEN MÉRITÉES

Si votre entourage professionnel est plutôt chiche en reconnaissance et en remerciements, remédiez-y !

Dans la culture managériale à la française, il est normal de « bien faire ». Votre hiérarchie ne vous parle donc de votre travail que lorsqu'il y a un problème. Néanmoins, la situation évolue : les augmentations salariales se faisant plus parcimonieuses et le travail plus intense, les managers commencent à apprendre la motivation par la reconnaissance.

Motiver, motiver

Ce changement est valable pour vous comme pour votre encadrement. Les théories de la motivation nous enseignent qu'une fois le niveau de sécurité atteint (pouvoir vivre à son niveau de vie, avoir un toit, un travail), nos attentes portent sur l'appartenance à un groupe et sur la reconnaissance par ce groupe de nos apports[1].

Une entreprise de recrutement[2] a conduit une étude internationale sur ce qui fidélise les collaborateurs d'une entreprise. Les premières places du classement sont, de la première à la cinquième :

- la possibilité de carrière et d'apprentissage ;
- un travail intéressant ;
- un travail qui a du sens ;
- des gens « bien » autour de soi ;
- l'appartenance à une équipe.

Il y a de quoi être surpris, les aspects financiers n'apparaissent pas ! Les cinq places suivantes sont, dans l'ordre :

- un bon manager ;
- la reconnaissance pour le travail réalisé ;
- du plaisir dans le travail ;
- l'autonomie dans le travail ;
- la flexibilité des horaires.

Vous n'êtes pas convaincu ? Certes, l'international n'est pas la France… Voici donc les résultats d'une étude similaire conduite dans notre pays par un organisme indépendant auprès de ses

---

1. *Cf.* la pyramide de Maslow.
2. Career Services International.

équipes parisiennes et provinciales (les résultats sont similaires) : « Les collaborateurs (tous niveaux) sont particulièrement sensibles au travail en équipe au sein de leur département d'appartenance et aux relations entretenues avec l'encadrement direct. Ils attachent beaucoup d'importance à leur travail et à la qualité de la relation de l'entreprise avec ses clients.

Dans cette entreprise, les points faibles résident, pour les collaborateurs, dans les ressources et le support mis en œuvre au quotidien. Si le travail en équipe dans sa propre équipe ou son propre département est bon (…), l'effet "silo[1]" amène des frustrations quant aux relations entre départements et organisations.

Enfin, l'appréciation des performances individuelles et la reconnaissance de cette performance sont à revoir. »

Pourquoi ne nous donnons pas le plaisir de réussir et de se récompenser ?

Gysa Jaoui, une des meilleures spécialistes françaises de l'Analyse Transactionnelle a écrit (*Classiques de l'Analyse Transactionnelle*, Volume 5, p. 16 *sqq.*) un article sur les étapes de la réussite. Selon elle, de nombreuses personnes ont reçu très jeunes un message « ne réussis pas », qui les empêche de pleinement profiter de ce qu'elles ont fait.

Le processus de réalisation d'un objectif, pour Gysa Jaoui, comporte quatre étapes ; et l'inhibition au droit à la réussite peut intervenir à chacune d'entre elles (voir figure 11).

Le « rêveur éveillé » (l'appellation est de Gysa Jaoui) croit en un projet, le met en œuvre avec enthousiasme, et l'abandonne dès qu'il commence à prendre forme pour se consacrer à un autre. Le sentiment de dévalorisation par les autres de ses idées ou projets

---

1. Effet « silo » : travail en mode vertical dans une entreprise. Exemple : vous travaillez aux finances dans une entreprise et vous savez peu de chose sur les autres départements qui vous entourent : production, marketing…, d'où des incompréhensions dans les besoins et attentes de part et d'autre.

l'a peut-être conduit à vouloir garder ses projets pour lui, les rêver et ne pas oser les réaliser. Il ne passe pas l'étape 1.

FIGURE 11. Les étapes de la réussite

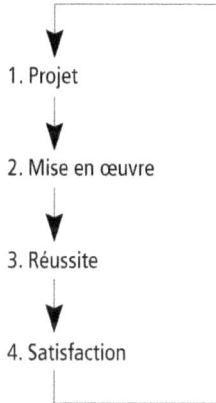

1. Projet

2. Mise en œuvre

3. Réussite

4. Satisfaction

Le « désapprobateur » se donne un objectif raisonnable, fait beaucoup d'efforts... et son projet « se casse la figure ». Il s'agit d'une forme de résistance inconsciente à un ordre reçu. Le désapprobateur ne peut ou ne veut pas renoncer, essaie, mais tout va concourir à le faire échouer. Il reste à l'étape 2.

Le « bourreau de travail » va d'objectif atteint en objectif atteint, sans être jamais satisfait de ce qu'il a réalisé. Il peut, par exemple, avoir été stimulé par le désir de montrer à ses parents (ou à d'autres) ce qu'il est capable de faire, sans avoir guère reçu de manifestation de reconnaissance. Il saute de l'étape 3 à un nouveau projet, oubliant l'étape 4.

Il existe aussi « l'hyperréactif » qui ne suit pas un projet vraiment personnel, mais adhère plutôt au projet, explicite ou implicite, d'un tiers. Il oublie l'étape 1, avec le risque d'insatisfaction.

Posez-vous la question de ce qui serait bon, digne ou utile de réussir pour vous.

Souvent les mots clés sont « relation », « reconnaissance »… Vous pouvez contribuer à créer un tel environnement stimulant de différentes manières :

• encouragez-vous intérieurement, faites-vous plaisir, offrez-vous de petits cadeaux ;

• demandez les stimulations dont vous avez besoin : « Quand vous êtes contents de mon travail, dites-le moi ! » ;

• accueillez les compliments qui vous sont faits pour ce qu'ils sont (authentiques, gratuits, gratifiants) ;

• félicitez votre équipe en fêtant un succès, un objectif atteint, la résolution d'une difficulté, le lancement d'un projet…

Et vous ?

Avez-vous tendance à dire : « Je commencerai après les vacances (ou le mois prochain ou après Noël)… » ?

Peut-être sera-t-il trop tard ! Vous pouvez commencer simplement et lentement, puis augmenter progressivement vos efforts.

Prenez en compte le biorythme des membres de votre équipe.

Ils seront plus efficaces si vous respectez leur biorythme.

ÉQUILIBRER SES VIES EN LÂCHANT PRISE

Ce n'est pas un hasard si les coachs sportifs sont à la mode. Même les entreprises font aujourd'hui appel à de grands entraîneurs pour motiver leurs équipes ou s'en inspirent. Une étude[1] menée auprès de champions sportifs a révélé qu'ils partageaient quatre caractéristiques :

• ils accomplissent ce qu'ils font en fonction d'objectifs « internes » = votre motivation doit venir de vous, et non de « carottes » que l'on vous tend ;

---

1. Étude Gould D. et al., *Journal of Applied Sport Psychology*, 2002.

- ils résolvent les problèmes au lieu de rechercher les responsabilités = concentrez-vous sur les actions et accomplissez-les ;
- ils se préparent mentalement aux événements à venir = visualisez le futur proche et imaginez-vous en train de réussir ;
- ils prennent leurs risques en confiance : il n'existe pas de situations sûres à cent pour cent, même l'immobilisme engendre des risques. Aussi, admettez-les et assumez-les !

Réussir, c'est accepter de prendre du recul, se concentrer mentalement en amont et surtout savoir récupérer. Travailler pour travailler ne suffit plus, vous êtes responsable de vous-même. La meilleure chose que vous puissiez apporter à votre équipe projet en particulier, et à votre activité en général, est votre capacité à ne pas confondre objectif et activisme.

Cela peut se traduire aussi par l'expression « lâcher prise ». Selon Rosette Poletti et Barbara Dobbs (*Lâcher prise,* Jouvence, 1999), cela signifie accepter de s'ouvrir à ce qui vient, de changer son regard, de modifier son interprétation ; c'est aussi parfois faire le deuil de quelque chose à quoi on tenait, et porter son attention sur ce qui est ici et maintenant.

Comme pour la réussite (*cf. infra*), cela suppose prendre conscience de ses croyances et de ses habitudes. Il existe toutes sortes de situations pour lesquelles il est bon d'apprendre à lâcher prise (le ressentiment, les émotions négatives…).

En voici un exemple : le lâcher prise des buts dépassés. Vous pouvez vous être fixé des objectifs qui, par suite d'événements extérieurs, sont devenus caducs (« Malgré la crise, je veux faire mieux »), ou bien, même atteints, vous souhaitez continuer (« Mon patron m'a dit de faire 110 % par rapport à l'année dernière ? Je ferai 130 % ! »). Dans ce contexte, ce n'est pas le fait d'avoir un but qui est critiquable, mais l'attachement à celui-ci. Cette volonté de réaliser coûte que coûte son objectif peut vous rendre plus fragile, avec la montée de l'anxiété en corollaire.

Posez-vous régulièrement ces quelques questions :

Après quoi est-ce que je cours ?	
Est-ce cohérent avec les buts que j'ai dans ma vie ?	
Qu'est-ce que je sacrifie pour les atteindre ?	
De quels buts puis-je lâcher prise ?	

Source : Rosette Poletti et Barbara Dobbs, Lâcher prise, Jouvence, 1999.

En repartant des messages contraignants, vous trouverez toutes sortes d'idées sur les « lâcher prise » qui vous concernent.

- Un « Sois parfait » peut s'autoriser à faire des erreurs.
- Un « Sois fort » peut s'autoriser à avoir des émotions, des sensations.
- Un « Dépêche-toi » peut s'autoriser à prendre son temps.
- Un « Fais plaisir » peut s'autoriser à vivre selon ses valeurs (et non celles des autres).
- Un « Essaie encore » peut s'autoriser à atteindre ses propres buts, et aussi à se limiter.

Pour cela, réservez-vous des moments de détente chaque jour, ménagez-vous des espaces de création, profitez des week-ends pour vous relaxer, paresser, vous occuper de vous (soins physiques, sport, tenue...), modifiez vos habitudes alimentaires pour une vie plus saine, etc.

Vous avez conscience que les changements sont permanents et que le stress ne diminuera probablement pas (les 35 heures et les RTT n'ont fait que l'accroître), alors prenez soin de vous, de votre physique ainsi que de votre mental, ce sont les meilleurs garants de votre équilibre !

CONSEILS POUR SE DÉTENDRE AU BUREAU

Vous pouvez apprendre à vous relaxer dans le cadre de votre travail.

SI VOUS POUVEZ QUITTER VOTRE PLACE :

• sortez ou ouvrez la fenêtre ;
• faites quelques flexions en respirant lentement.

SI VOUS ÊTES À VOTRE BUREAU :

• installez-vous confortablement ;
• posez vos mains à plat, les mains ouvertes, les paumes vers le haut ;
• décroisez les jambes ;
• desserrez les dents ;
• commencez par vous étirer en levant les bras au-dessus de la tête (comme le matin en vous levant), puis relâchez la position lentement ;
• faites des petites respirations par le nez en faisant circuler l'air jusqu'à votre ventre, ne gonflez pas les poumons, privilégiez la respiration par le ventre ;
• inspirez profondément et gardez l'air quelques instants (cinq à dix secondes). Expirez et restez les poumons vides aussi longtemps qu'à l'inspiration ;
• répétez les deux précédentes étapes ;
• baillez et laissez-vous aller à répéter l'exercice depuis le début ;
• terminez cet exercice en vous massant les yeux : fermez les yeux et couvrez-les avec les paumes, respirez lentement, effectuez ensuite avec les doigts un massage circulaire autour des yeux, et concluez par une série de clignements.

Vous vous sentez mieux ?

Estimez-vous que votre responsable n'a pas le même rythme que vous ?

Négociez un compromis ou anticipez en préparant vos entretiens lors de vos heures de tonus. Le fait d'en avoir conscience est déjà un grand pas.

Dites « bravo » ou « merci » en fonction des besoins de chacun.

Pour certains d'entre nous, un simple « merci » suffit. Pour d'autres, il faut « en rajouter ». Rappelez-vous : la première demande de votre équipe est une ambiance de travail agréable.

Et vous ?

SYNTHÈSE

Vous êtes un champion, un grand champion, le meilleur de votre catégorie. Vous méritez d'être conseillé par les meilleurs entraîneurs. Ceux-ci ne manqueront pas de vous dire de bien vous concentrer sur votre objectif et d'avoir du recul pour le reste. Un champion ne reste jamais concentré. Pourquoi en seriez-vous capable ? Sachez faire la part des choses et organisez votre temps pour tirer pleinement profit de votre biorythme. Votre efficacité n'en sera que meilleure.

Au niveau de vos activités, sachez entrer dans une boucle de la réussite. Offrez-vous, ainsi qu'à votre équipe, des facteurs de motivation sous forme de signes de reconnaissance, d'événements festifs, de célébration de succès…

Enfin, séparez nettement vos vies privées et sociales de votre vie professionnelle, vous n'en serez que plus efficace. Prenez conscience des messages qui vous ont pollué jusqu'à présent et apprenez à lâcher prise. Cela peut être d'une manière clé pour vous en prenant conscience des limites de ces contraintes que vous vous êtes données, ou plus simplement, au quotidien, en vous accordant quelques minutes entre deux tâches (ou deux rendez-vous) pour vous relaxer ; même dans un *open space,* vous pouvez le faire en restant assis sur votre chaise.

Vouloir vivre à 100 km/heure en permanence, c'est de la non-assistance à personne en danger. Vous pourriez être condamné à cela si vous ne faites pas le nécessaire pour vous.

Arrivé à ce stade du livre, vous vous connaissez mieux et vous avez des pistes pour revoir votre organisation. Celle-ci n'est peut-être pas parfaite, et vous manquez d'idées pour l'améliorer ? La partie suivante va vous y aider.

Céline est responsable développement chez un constructeur informatique et dirige une trentaine de personnes. Elle est en charge de la sélection des nouveaux projets : son équipe a pour mission d'évaluer les nouvelles possibilités et de fournir des recommandations sur les développements à conduire en priorité. Autant dire que dans cet environnement turbulent, le travail n'est pas de tout repos.

« Tel est notre pain quotidien », se dit Céline qui, à sa longue « journée d'homme » ajoute sa « journée de femme » (les enfants, la maison, le mari…). Bien sûr, elle est aidée, mais cela ne l'empêche pas de devoir manager l'ensemble et de faire sa part du travail.

Céline est une *business woman* moderne. Depuis sa sortie d'école d'ingénieurs, elle a gravi les échelons en passant par diverses entreprises réputées pour leur recherche et… leur exigence managériale. « Il faut savoir ce que l'on veut, répète-t-elle toujours, le traintrain quotidien et le travail insipide, ce n'est pas pour moi ! »

Son mari prend soin d'elle, ses enfants grandissent bien, ses collaborateurs l'apprécient, sa hiérarchie la reconnaît et ses choix de projets se sont souvent révélés judicieux. Bref, elle est une responsable heureuse.

Pourtant depuis quelque temps, elle a du mal à se lever le matin et a l'impression de ne plus pouvoir avancer. Elle, qui se contrôle d'habitude si bien, s'irrite parfois pour un rien. Elle a beau se dire « Céline, reprends-toi ! », les projets lui semblent de plus en plus compliqués et ses interlocuteurs tatillons.

Un mal de dos l'incite à aller voir un médecin, qui lui prescrit des séances de kinésithérapie. Devant l'échec du traitement, elle se tourne vers un ostéopathe, puis vers un autre médecin et encore un autre… Un énième médecin consulté dépasse pour une fois le simple stade de l'observation clinique, la fait parler de sa vie professionnelle et conclut : « Vous avez mal au dos parce que vous en avez plein le dos. Il est possible que vous souffriez du karôshi[1] ! »

Devant l'ébahissement de Céline, il sourit et reprend : « Cela s'appelle aussi le *burn out* ou l'épuisement. Vous êtes épuisée, physiquement et moralement. » Ce diagnostic choque Céline qui le nie : « Je ne pense pas que ce soit ça. Tout va bien. » Le médecin continue : « Peut-être en apparence, mais vous présentez les symptômes de l'épuisement. Cela explique sûrement aussi pourquoi mes confrères et leurs remèdes n'ont pu atténuer votre mal de dos. Je ne peux rien de plus pour vous. Faites-vous aider, voici l'adresse de quelqu'un qui vous fera réfléchir. » Céline prend machinalement la carte que lui tend le médecin et la range au fond de son sac en se disant : « Encore une visite pour rien ! »

Prise dans un embouteillage une semaine plus tard, elle ressort la carte. Sa journée a été désespérante, elle s'est battue contre vents et marées pour faire avancer des projets qui lui tiennent à cœur, mais dont personne ne semble se soucier. Au bord des larmes, elle se décide à appeler la personne conseillée.

Quelques jours après, elle se retrouve assise confortablement dans un vaste canapé. Une femme la regarde en souriant et l'écoute. Petit à petit, Céline se détend et se confie. Elle

---

1. « Mort par la fatigue au travail » en japonais.

explique qu'après avoir travaillé des années durant, pleine d'enthousiasme en croyant à ce qu'elle faisait, elle ressent depuis quelque temps une perte progressive d'idéal, d'énergie et de motivation. Elle qui faisait jusqu'alors très attention à sa façade de femme énergique, dynamique et de bonne humeur la sent se fendiller.

Elle supporte de moins en moins l'apathie de ses collègues, les petites guerres de sa direction, les choix politiques qui la mettent parfois dans des situations difficiles. Sur certains projets auxquels elle est attachée, elle se sent comme Don Quichotte attaquant les moulins à vent...

Son rôle principal est d'identifier les pistes dans lesquelles l'entreprise doit investir. Pourtant, de réorganisation en réorganisation, elle consacre la plus grande partie de son temps à intégrer de nouveaux collaborateurs et à en redéployer d'autres. Elle écrit rapport sur rapport à des responsables de haut niveau qui changent sans arrêt et qui comprennent peu les enjeux. Le temps qu'ils saisissent l'importance de ce qui leur est proposé, ils quittent déjà leur poste. Parallèlement, Céline doit porter à bout de bras ses projets et son équipe, démotivée par ces *stop and go* permanents.

Progressivement, elle prend conscience des stades par lesquels elle est passée :

- Au début de sa carrière, elle avait de grands idéaux, des espoirs et faisait preuve d'une énergie débordante. Elle s'investissait beaucoup dans son travail, peut-être même un peu trop. Comme son mari faisait de même et s'absentait souvent pour de longs déplacements, elle était très disponible.
- Puis, avec la naissance de ses enfants, Céline s'était sentie tiraillée entre son métier et son rôle de mère. Elle s'était retrouvée face à des choix compliqués qui ne dépendaient pas seulement de moyens financiers.
- Aujourd'hui, l'évolution de son entreprise lui donne un sentiment de frustration, mais elle a conscience qu'elle ne trouvera pas nécessairement mieux ailleurs... Elle a aussi compris qu'il est difficile de changer ses collègues. Certains ne souhaitent pas la réussite de l'entreprise, mais la leur, et travaillent à leur rythme.

Petit à petit, Céline réalise qu'elle entre dans une phase d'apathie : elle commence à s'ennuyer et fait son travail de manière automatique. Comment éviter la dépression, stade suprême du *burn out*[1] ?

Céline se sent pleinement responsable de son équipe : sa démotivation la met mal à l'aise vis-à-vis de ses collaborateurs, ce qui aggrave encore son état. Elle décide alors de séparer plus nettement sa vie professionnelle de sa vie personnelle. Elle qui avait des scrupules à quitter son bureau de bonne heure (vers 20 h 30) et qui emmenait des dossiers à relire « tranquillement » le week-end, commence à partir à 19 h 30. Désormais, elle n'emporte plus de travail le vendredi soir et fait même remplacer son ordinateur portable par un poste fixe, pour ne plus être tentée de l'emmener à son domicile.

À sa grande surprise, elle découvre qu'elle n'est pas plus débordée que d'habitude. Elle reçoit plus souvent qu'avant, passe plus de temps avec son mari et ses enfants. Elle se

---

1. Épuisement professionnel.

réserve même un sas de décompression dans la semaine en pratiquant l'aquagym le jeudi, avant de rentrer chez elle.

Ses collègues la trouvent plus détendue et plus à l'écoute. « J'ai décidé de LLTG ! leur dit-elle, avant de continuer devant leurs yeux interrogateurs, "Lever la tête du guidon" ! »

Son métier restant tout aussi important à ses yeux, Céline se dit qu'elle pourrait peut-être améliorer son travail et celui de ses collaborateurs : « Je suis déjà super-organisée. Que pourrais-je faire de mieux ? »

Le mal de dos a arrêté Céline dans sa marche vers le burn out. *Grâce à lui, elle a pris conscience de son état et commencé à faire des coupures plus franches entre sa vie professionnelle et sa vie privée.*

▒▒ LOI DE L'ECCLÉSIASTE[1]
OU LOI DE L'ALTERNANCE

Il y a un moment pour tout et un temps pour chaque chose sous le ciel.

1. Ainsi nommée en référence au titre d'un des livres de l'Ancien Testament où l'on trouve des opinions opposées les unes aux autres, comme si l'auteur s'était proposé à lui-même des objections et des doutes pour mieux les discuter.

PARTIE 4

AMÉLIORER LES USAGES
QUE VOUS EN FAITES

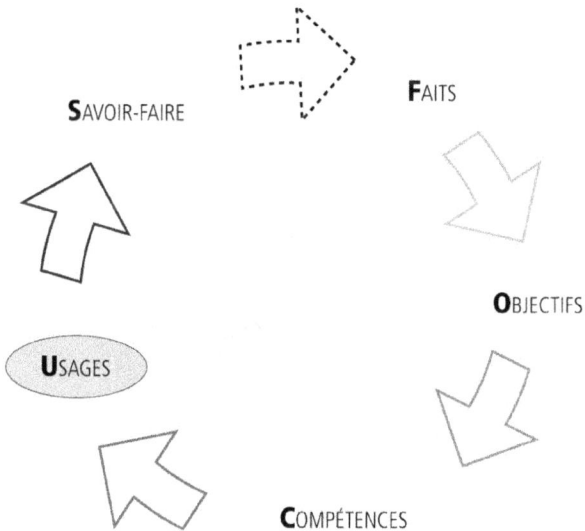

SAVOIR-FAIRE

FAITS

OBJECTIFS

USAGES

COMPÉTENCES

7

Pour des entretiens constructifs

Vous avez pris conscience de votre relation au temps en ce qui concerne vos activités. Vous vous êtes fixé des objectifs en accord avec vos besoins et ceux de votre entreprise. Vous avez travaillé sur vous et vous vous êtes donné nombre d'atouts pour tenir le cap. L'objectif de cette partie est de vous aider à développer vos compétences dans des domaines clés de la vie professionnelle. Vous trouverez dans ce chapitre un « rappel » sur deux des activités favorites en entreprise : les réunions et les entretiens téléphoniques. Pourquoi un rappel ? Depuis plus de vingt ans, toutes les entreprises ont mis en place des programmes de formation à l'animation des réunions. Or malgré ces bases partagées, les réunions continuent d'abriter conflits de pouvoir, débats hors sujet et... pertes de temps. Il est pourtant possible d'animer des réunions qui respectent les horaires définis et soient productives. Quelles sont les règles de base pour animer correctement une réunion ? Comment gérer les aspects humains dans une telle situation ? Comment séparer au mieux les faits des émotions ? Comment tirer parti de ces approches pour les entretiens (en face-à-face ou au téléphone), eux aussi gros consommateurs de temps et d'énergie ?

ANIMER UNE RÉUNION : QUELQUES BASES

Lorsque vous animez une réunion, trois fonctions vous incombent : conduire les participants à produire un résultat, leur faciliter la tâche et réguler leurs interventions.

Une fonction de production

À la fin d'une réunion, vous devez avoir atteint l'objectif fixé (traiter les points à l'ordre du jour). Votre fonction consiste donc à bien faire « démarrer » le groupe pour parvenir à un résultat concret.

En amont, vérifiez que vous connaissez parfaitement l'objectif de la réunion, que l'ordre du jour le précise et que vous avez défini clairement le rôle de chaque participant, vous y compris.

Fiche de préparation et compte rendu

PRÉPARATION DE LA RÉUNION DU.................	
Objectifs	Trois objectifs exprimés en début de phrase par un verbe à l'infinitif, synonyme d'action (accomplir, changer, commercialiser, planifier, produire…)
Résultats attendus	Un ou deux résultats exprimés par un substantif (par exemple : identification des écarts entre prévu et réalisé et définition des actions correctrices)
Participants	Liste des participants (avec leur fonction et leur lieu de provenance si les gens ne se connaissent pas)
Lieu	Adresse du lieu, étage et numéro de salle
Horaires	Heures de début et de fin (rappeler que la ponctualité est impérative)
Thèmes abordés	Trois thèmes au maximum
Intervenants externes	Pour une réunion d'une heure et demie, se limiter à une intervention externe structurée, en lui affectant un temps et un nombre de documents associés (compter trois minutes de parole par document PowerPoint en moyenne)
Prérequis	Actions à effectuer avant la réunion (par exemple, lecture des documents préparatoires et identification des deux ou trois points majeurs à débattre)

Au début de la séance, rappelez son thème, les objectifs visés, la « procédure » (méthodes et durée). Assurez-vous des attentes des

Outil

participants, et veillez en particulier à ce qu'ils aient conscience de l'utilité pour eux des sujets abordés.

Après la réunion, distribuez rapidement le compte rendu aux personnes présentes et à celles qui n'ont pu se libérer.

Une fonction de facilitation

Vous devez permettre au groupe de progresser en maintenant la discussion dans le cadre défini. Ici intervient la partie « émotionnelle » de la réunion : observez le langage non verbal ; appréciez les attitudes de rituel, de passe-temps ; incitez les participants à parler, à lever les incompréhensions…

Cette facilitation peut être favorisée :

- soit par un rituel qui sécurise les participants : début de la séance à l'heure, déroulement identique, périodicité connue (par exemple, le mardi à 10 heures tous les 15 jours), durée égale…
- soit, au contraire, par des formes variées qui évitent la monotonie : réunion descendante[1] ou ascendante[2], sujets divers, motif exceptionnel (pour fêter un succès par exemple), invités extérieurs au groupe…

Une fonction de régulation

Assurez-vous que chacune des personnes présentes participe. C'est votre rôle de gérer la communication dans le but de la faciliter. Donnez à chaque participant la possibilité de s'exprimer, organisez des tours de table, présentez régulièrement des synthèses, proposez des moments de « décompression » en cas de tension…

---

1. Transmission d'informations à l'auditoire.
2. Remontée d'informations par l'auditoire.

FIGURE 12. Un compte rendu rapide

COMPTE RENDU DE LA RÉUNION DU ....

I. CONTEXTE

Participants : ....

Objectifs : ....

Résultats attendus : ....

Date de la dernière réunion : ....

État des lieux : ....

II. PRINCIPAUX POINTS ABORDÉS

....

....

....

....

....

....

III. PLAN D'ACTION

N°	Quoi	Qui	Quand	Observations

Êtes-vous persuadé que « personne ne fait comme cela ! » ?

Tout le monde est conscient des pertes de temps dans les réunions. Une méthode différente et efficace vous fera remarquer.

Vendez votre enthousiasme dans votre ordre du jour.

Un ordre du jour avec quelques phrases « dynamiques » lancera la réunion sur la voie du succès.

GÉRER LES COMPORTEMENTS EN RÉUNION

Lors d'une réunion, un groupe – qu'il soit nouvellement constitué ou composé d'« habitués » – passe généralement par cinq phases, de durée plus ou moins longue. À vous de jouer pour en tenir compte et mieux gérer les comportements individuels ou collectifs déviants.

Les cinq phases de la vie d'un groupe

Voici leurs caractéristiques et le rôle que vous aurez à jouer en tant qu'animateur de la réunion pour la mener à bien.

1. Durant la phase de dépendance, le groupe a besoin d'être informé et orienté sur l'objectif à atteindre.

   Votre rôle : être clair sur les objectifs visés et les bénéfices pour chacune des décisions à prendre.

2. Durant la phase de contestation, les participants font le rapport entre leurs attentes personnelles, leurs sentiments et les objectifs demandés au groupe. Ils peuvent avoir l'impression que leurs besoins ne sont pas pris en compte (c'est la principale cause de dérapage des réunions). Cela ne signifie pas pour autant qu'il faille systématiquement répondre à ces besoins. Cette phase d'ajustement se traduit par des attitudes agressives ou de retrait.

   Si vous négligez cette phase au prétexte d'entrer plus vite dans l'action, vous risquez finalement de perdre beaucoup de temps.

Votre rôle : considérer cette phase comme normale, distinguer ce que vous pouvez traiter lors de la réunion du reste, montrer que vous prenez note des émotions suscitées.

3. Durant la phase de participation, le groupe, ayant exprimé ses attentes, peut être réellement actif.

   Votre rôle : créer un consensus autour des moyens d'atteindre les objectifs.

4. Durant la phase de responsabilisation, le groupe décide.

   Votre rôle : assurer la gestion des conflits liés aux prises de décisions.

5. Durant la phase d'action, les participants s'autonomisent dans l'exécution des décisions. Réfléchissant à la manière dont ils vont accomplir leur part de travail, ils sont déjà mentalement dans l'« après-réunion ».

   Votre rôle : vous assurer du « qui fait quoi » et de la cohérence des plannings et des modes d'exécution des décisions.

Prendre en compte les comportements individuels

Il vous faut également considérer les personnalités au sein du groupe. Dans toute réunion, le phénomène central est le désir de pouvoir. Il s'exprime sous des formes directes (attitude autoritaire, d'opposition, de manipulation, de soutien…) ou indirectes (retrait, comportement ludique…).

Faites en sorte que chaque participant sente que vous le prenez en compte et comprenne le respect qu'il doit avoir pour le reste du groupe.

Le tableau suivant regroupe quelques conseils, selon le type de personnalité auquel vous êtes confronté.

Personnalité	Comment réagir ?
Le bavard	• résumer ses propos • lui rappeler la durée prévue pour la réunion
Le leader positif	• s'en faire un allié

Personnalité	Comment réagir ?
Le silencieux supposé positif	• le pousser à participer
Le leader négatif	• l'écouter • souligner qu'il s'agit d'une opinion
Le silencieux supposé négatif	• le questionner • le recentrer

Gérer les phénomènes de groupe

« Je suis une bande à moi tout seul », chantait Renaud. Le groupe, indépendamment des personnalités qui le composent, a aussi son propre « caractère ».

Si...	Vous pouvez...
Le groupe dévie du sujet	• le lui rappeler • faire un résumé du hors sujet pour clore le débat • prendre note de ce qu'il dit • souligner l'absence de lien avec la réunion
Des discussions s'instaurent dans le groupe	• vous taire en regardant le groupe • donner de la voix avec humour • généraliser la discussion (si l'aparté est intéressant)
Le groupe « boude » (ne veut plus participer)	• éviter toute agressivité • revendre l'intérêt du sujet • effectuer une pause et à la reprise, changer de discussion
Le groupe se ligue contre vous ou conteste l'intérêt de la réunion	• éviter toute agressivité • ne pas chercher à convaincre • effectuer une pause • analyser les positions individuelles • arrêter la réunion si le problème est profond

Avez-vous la tentation d'utiliser votre pouvoir (hiérarchique ou non) pour avancer ?

Vous atteindrez... seul l'objectif de votre réunion. Il vous faudra ensuite travailler avec chacun des participants.

Remerciez les participants.

Valorisez leurs suggestions et leurs idées, la reconnaissance est une valeur clé.

Et vous ?

SÉPARER LES FAITS DES ÉMOTIONS DANS TOUT ENTRETIEN

Dans tout entretien, vous exprimez à la fois des faits et des émotions. Les mécanismes de conflits s'alimentent le plus souvent de la confusion entre ces deux niveaux. Prendre conscience des phases de la vie d'un groupe en réunion, et savoir mieux gérer les comportements individuels ou collectifs vous facilitent un meilleur déroulement.

Tirer parti des lunettes de couleur en réunion

Nous échangeons au niveau rationnel et au niveau émotionnel. Quelqu'un qui se trouve sur un plan rationnel ne comprend pas toujours l'émotion ressentie par son interlocuteur.

En pratique, dans nombre de réunions, les faits et les émotions sont étroitement mêlés. En conséquence, tout le monde parle et personne n'écoute !

Nous vous proposons une méthode pour remédier à cette situation. Imaginons que selon le niveau auquel nous nous trouvons, nous portions des lunettes de couleur[1].

Distinguons quatre sous-niveaux :

- au niveau rationnel :
  - l'atteinte de l'objectif sous un angle factuel → lunettes vertes ;
  - le respect des règles et des procédures : (horaires, contraintes...) → lunettes bleues ;
- au niveau émotionnel :
  - la créativité → lunettes jaunes ;
  - l'aspect « humain » de la relation, les émotions → lunettes rouges.

---

1. Cette méthode est fondée sur la méthode Herrmann : cf. *Développez votre intelligence relationnelle* de Dominique Chalvin, ESF, 2003. Il existe une approche similaire avec six couleurs : cf. *Les six chapeaux de la réflexion* d'Edward de Bono, Éditions d'Organisation, 2009. (Voir bibliographie en fin d'ouvrage.)

Lors d'une réunion, les participants chaussent ces lunettes les unes après les autres, mais ils ne choisissent pas toujours la même couleur au même moment. Pour garantir l'efficacité de la communication, il est impératif que tous les participants portent des lunettes de la même couleur en même temps. Peu importe alors l'ordre des couleurs…

Prenons l'exemple de la réunion présentée en cas pratique à la fin de ce chapitre.

Sujet	Couleur des lunettes
Stéphane rappelle les « règles » de la réunion (durée, thème, objectifs, procédures).	Bleue
Stéphane précise l'objectif de la réunion et le rétroplanning.	Verte
Stéphane libère les émotions en demandant à chacun ce qui ne va pas (sans justification), puis ce qui semble aller bien.	Rouge
Stéphane demande quels sont les objectifs pour la réunion avec le client le lundi suivant.	Verte
Stéphane fait appel à la créativité de chacun pour trouver des solutions.	Jaune
Les solutions proposées sont passées au travers du tamis des règles et des procédures (contrat, moyens disponibles).	Bleue
Les hypothèses retenues constituent la base du plan d'action qui sera présenté au client.	Verte

Vous pouvez séquencer le port des lunettes dans l'ordre que vous souhaitez.

Si la réunion avait été plus sereine (pas de retard particulier par exemple), l'ordre des séquences aurait pu être différent et l'issue de la séance plus intéressante. Ainsi, après le rappel des règles (lunettes bleues) et de l'objectif (lunettes rouges), les participants à la réunion auraient pu émettre des propositions créatives (lunettes jaunes). L'animateur de la réunion aurait ensuite pu prendre en compte l'aspect humain (lunettes rouges) avant de valider les actions proposées (lunettes bleues). Il aurait conclu en finalisant le plan d'action (lunettes vertes).

Comment mettre en œuvre une telle méthode ? Voici quelques précisions qui peuvent vous être utiles :

- expliquez aux participants de la réunion que vous allez utiliser cette méthode : dites-leur que vous disposez de quatre couleurs de lunettes (donnez alors leur signification) et que le but est de revêtir tous ensemble des lunettes de la même couleur ;

- choisissez un ordre adapté au sujet. Commencez de préférence par les lunettes bleues pour fixer les règles du jeu (objectifs, durée…). Puis, selon les sujets, commencez par les faits (vert) ou l'expression des émotions (rouge), etc. ;

- une fois qu'un angle de vue sur un sujet est terminé, changez de lunettes. Faites-le en prévenant le groupe et en lui demandant son accord : « Nous allons maintenant passer aux cinq points à aborder avec notre client. Tout le monde est d'accord ? Je vous propose de troquer nos lunettes vertes pour des jaunes : nous recherchons des solutions à leur proposer. » ;

- ne mélangez pas les couleurs de lunettes. Imaginons, par exemple, qu'une fois les émotions libérées, le groupe remette des lunettes vertes. N'acceptez pas de nouvelles émotions sans l'accord du groupe ;

- enfin, lorsque vous décidez de porter les lunettes vertes, encouragez les participants à exprimer leurs émotions (positives ou négatives) sans qu'ils aient à les justifier. Ils seront plus sincères et éviteront ainsi de voir leurs émotions « s'enraciner ».

En séparant au cours d'une réunion ces différents niveaux, vous gagnerez 30 à 40 % du temps habituel. Difficile à croire ? Faites l'essai !

Faire des entretiens en face-à-face plus approfondis en moins de temps

Les entretiens en face-à-face ont de nombreux aspects, qu'il s'agisse d'entretiens de suivi hebdomadaire, de recadrage, d'évaluation…

L'une des constantes entre toutes ces formes d'entretien est le sentiment de manque d'écoute de part et d'autre. Cela a souvent comme conséquence que les participants répètent leurs propos, ne répondent pas aux questions qui leur sont posées et en sortent avec un sentiment mitigé qui conduira tôt ou tard… à un nouvel entretien.

Voici une approche qui peut limiter ces désagréments :

- Commencez toujours par une phase « **Exploratoire** », c'est-à-dire d'écoute de votre interlocuteur pour prendre conscience de ses attentes, de ce qu'il a à dire et de son mode de fonctionnement. Des questions ouvertes facilitent cette approche (« Comment va l'activité ? », « Qu'est-ce qui peut te permettre d'atteindre ton objectif ? »…). Vous pouvez être tenté d'exprimer d'emblée ce que vous avez à dire. Prenez conscience que votre interlocuteur, s'il a lui aussi un message à transmettre, n'écoutera que d'une oreille votre discours. Il devra d'abord « vider son sac » pour pouvoir intégrer vos propos. Cette phase a également pour avantage de vous donner la possibilité d'ordonner vos propos dans le sens qui est le plus favorable pour leur compréhension.

- Continuez par une phase d'« **Influence** » pour amener votre interlocuteur sur votre terrain, tout en vous appuyant sur ses propos. Vous restez éthique sur le contenu de votre message, mais vous adaptez la forme à votre interlocuteur. Prenez exemple sur la transmission de bonnes et de mauvaises nouvelles. Certains préfèrent entendre les bonnes avant les mauvaises et *vice versa*. Même si, à la fin, l'ensemble des nouvelles est transmis, le ressenti de chacun n'est pas forcément le même selon la procédure adoptée.

- Assurez-vous que les « **Décisions** » soient bien prises à la fin de l'entretien ; et surtout, prévoyez un mécanisme de suivi à un jour, une semaine ou un mois : cela montre de part et d'autre une implication et un contrôle régulier.

Gagner du temps au téléphone

Certaines personnes peuvent s'épancher au téléphone, quand d'autres auront un style télégraphique. Comme souvent, la bonne dose (en émission ou en réception d'appels) est souvent un compromis.

Voici une grille d'entretien « émission d'appel » à utiliser lors de vos prochains appels. Elle vous permettra de prendre conscience de vos zones de progrès.

Outil

Grille d'entretien « émission d'appel »

	Oui	Non
Je prépare mon appel		
J'identifie mon interlocuteur dès le début de l'appel		
Je vérifie sa disponibilité (ou il fait de même)		
Je précise l'objet de ma demande et la durée prévisible		
Je sais reporter l'appel à un moment précis si indisponibilité		
Je me concentre entièrement sur l'appel		
J'utilise l'écoute active		
Je montre mon intérêt aux remarques de mon interlocuteur		
Je vérifie ma compréhension des arguments échangés en reformulant		
Je conclus par les actions à faire (qui et quand)		

Comme en de nombreuses circonstances, savoir perdre du temps en amont en préparation vous en fait gagner à la fin. Surtout, en restant factuel, vous limitez les risques d'interprétation et de conflits et vous ne mélangez pas les faits et les sentiments.

C'est cela être assertif : avoir un regard positif sur l'autre et un rapport d'égalité qui permettent de dialoguer sur les faits, tout en se laissant la possibilité d'exprimer son ressenti.

Et vous ?

Vous a-t-on appris qu'« on ne montre pas ses émotions dans l'entreprise » ?

D'une part, votre attitude les révèle ; d'autre part, le fait de montrer ses émotions est plus souvent perçu aujourd'hui comme une force que comme une faiblesse.

Distinguez bien votre rôle d'animateur de votre propre avis.

Soyez clair dans vos interventions, et notamment lors des synthèses, en précisant si vous parlez au nom du groupe ou en votre nom propre.

SYNTHÈSE

Les modes de relation dépendent en partie de phénomènes culturels propres à chaque pays ou chaque milieu social. Le monde professionnel français est à mi-chemin entre les approches anglo-saxonnes, très tournées vers le résultat, et la culture méditerranéenne, qui favorise en premier lieu la relation. Le manque de temps pour accomplir toutes vos activités vous fait souvent pencher la balance vers l'efficacité et l'optimisation du temps. Cela n'exclut pas le fait d'y ajouter de la courtoisie et de l'empathie envers son (ou ses) interlocuteur(s).

Ainsi, l'organisation de réunions efficaces est à la fois affaire de technique et de relation humaine. Si 50 % du succès d'une réunion vient de la préparation de sa « production », sa « régulation » soulève la question du mélange explosif des faits et des émotions. Ces aspects peuvent être bien différenciés grâce à la méthode proposée (méthode des lunettes), ce qui fait gagner du temps.

Il en est de même dans les entretiens :

- le style « boxe » (vous imposez vos arguments sans trop écouter l'autre) ne vaut que dans des rapports hiérarchiques très forts ou des entretiens de recadrage ;
- le style « judo » (vous utilisez l'énergie de l'autre, c'est-à-dire l'expression de ses besoins et son mode de compréhension) vous permet de mieux vous faire entendre dans la majorité des cas.

Dans le cas particulier du téléphone, l'absence de visualisation de votre interlocuteur ne doit pas vous faire oublier les règles élémentaires de concentration sur l'appel et d'écoute active.

Au final, pensez que les entretiens et réunions représentent un pourcentage important de votre activité. Gagner un peu de temps sur ceux-ci a un fort rendement en retour (10 % de gain sur des entretiens qui représentent 30 % de votre temps sur une semaine par exemple, est loin d'être négligeable : 3 % c'est presque une heure de votre temps).

Cas pratique

Stéphane est chef de projet dans une SSII. Les réunions, il connaît : avec ses collaborateurs ou avec les clients, il passe plus de temps dans des salles de réunion que dans son bureau.

Ayant suivi de nombreuses formations sur les réunions, il sait aujourd'hui les préparer et les mener à bien. Il a pu, avec le temps, peaufiner son savoir-faire. Il organise avec précision l'ordre du jour, et vérifie toujours la présence de chacun des participants en amont.

Il est d'ailleurs réputé pour sa gestion du temps, sa capacité à garder le fil de la discussion et à favoriser la prise de décision. Il a appris à gérer les perturbateurs (comme les retardataires) et les classiques causes de dérangement (appels téléphoniques, sujets en dehors de l'ordre du jour…). Il a étudié l'art de rédiger les comptes rendus en cours de réunion. Un de ses collaborateurs s'en charge, et sauf contraintes exceptionnelles, le compte rendu est adressé par e-mail aux participants dans les deux heures qui suivent la séance.

Pas de doute, Stéphane est un « as » de la réunion.

Son secret ? Il avoue avoir beaucoup appris lorsque ses fonctions le conduisaient à circuler en Europe et à participer à des réunions dans différents pays. Il a même dressé une liste comparative des pratiques rencontrées.

En Allemagne, les réunions commencent et se terminent à l'heure. L'ordre du jour est clair. Mais attention ! Rien ne peut le faire changer. Et comme il est prêt au moins une semaine auparavant…

En Italie, personne ne sait qu'il y a une réunion, ni si une salle est libre, ni si les participants potentiels sont disponibles, mais on trouve une salle, les gens arrivent de droite de gauche, la discussion a lieu et les décisions sont prises.

En Angleterre, il n'y a rien d'écrit, mais toutes les personnes concernées savent où est le lieu de la réunion, l'ordre du jour et le timing.

En France, une salle est prévue, et un ordre du jour précis est fait pour ne pas être respecté. L'essentiel du débat porte sur le premier point et les questions diverses. La réunion débute quand le plus haut gradé parmi les participants veut bien arriver. Elle se termine quand il s'en va (en tout cas bien avant ou après l'heure prévue)…

Derrière cette façade comique, Stéphane reconnaît avoir beaucoup travaillé son art de la réunion :

- il a mis en œuvre les mille et une ficelles apprises lors de séminaires ou dans des livres ;
- il a observé et retenu les meilleures « techniques » de ceux qui animent des réunions réussies ;
- il connaît sur le bout des doigts la structuration du temps et sait alterner les périodes d'activité et les passe-temps, le rituel et le retrait.

Bref, Stéphane est un exemple. Toutefois, il n'est pas satisfait ; il se décrit comme un borgne au milieu d'aveugles. Il estime qu'il a encore des choses à apprendre, mais il ne sait comment y parvenir.

Son talon d'Achille ? Les guerres souterraines qui se déroulent dans ses réunions ; des guerres qui opposent les clients entre eux, ses collègues et les clients, et ses collègues entre eux ; des guerres non déclarées, non prévisibles (quoique…). Elles minent le déroulement de la réunion : les participants semblent consentants tout au long de la réunion, pour finalement dire non au moment de la prise de décision.

Stéphane anime aujourd'hui une réunion interne. Il s'agit de faire le point sur un chantier en cours. Ce dernier est en retard, autant par la faute du client qui change souvent d'idée, que par celle de l'équipe projet, guère motivée par ces brusques revirements (« Après un ordre, il est urgent d'attendre le contrordre ! »).

Le but de la rencontre est de préparer une entrevue avec le client le lundi suivant. Habitué à ces réunions de crise, Stéphane l'a placée à 17 h 30 : « Comme certains ont des activités ce jeudi soir, ils ne feront pas traîner les débats… » La séance commence à peu près à l'heure.

Compte tenu du climat de tension dans l'équipe, Stéphane décide d'être très factuel (il n'est pas question de s'attarder sur les états d'âme de chacun). Il commence par dresser un état des lieux : là où ils en sont par rapport au planning, ce qu'il reste à réaliser, etc.

Son ordre du jour prévoit la recherche de solutions permettant de rattraper, à terme, le retard prévu. Son exposé se déroule dans un grand silence. Une fois terminé, il fait un tour de table pour recueillir des commentaires avant d'aborder les issues possibles.

Et la « guéguerre » commence : deux de ses collaborateurs rejettent la faute sur le client et rappellent la longue liste des modifications déjà effectuées par rapport au projet initial, avant de se murer dans le silence. Un autre rapporte l'appel du client dans l'après-midi qui lui a annoncé un nouveau changement, puis se dispute avec sa voisine qui lui a emprunté un dossier et l'a oublié chez elle. Celle-ci, piquée au vif, lui répond que cela n'a pas d'importance puisque ce fameux dossier est inutilisable vu qu'il n'est pas à jour. Elle ajoute qu'il suffit, de toute façon, d'attendre lundi pour connaître le prochain changement.

Les trois derniers participants viennent au secours de Stéphane et proposent des solutions : prolonger le délai ou augmenter les moyens humains en interne (ce qui est impossible à cause du budget). Ils suggèrent surtout des actions plus concrètes à la charge de personnes présentes. Immédiatement, celles-ci montent au créneau et renvoient la balle à leurs collègues.

Stéphane a fort à faire pour « tenir » la réunion et obtenir un résultat. Lentement, il parvient à avancer sur ce champ de bataille, jusqu'au moment où deux des protagonistes quittent la salle… pour raisons familiales (des enfants à récupérer).

La réunion se termine peu après, avec un constat en demi-teinte (quelques mesures sont prises, mais aucun plan d'action véritable n'a été proposé).

Stéphane, un peu déstabilisé, se dit qu'il va en bâtir un le lendemain et le vendre en tête-à-tête aux membres de son équipe : « Quelle bande d'enfants ! Pourquoi ne peut-on pas travailler plus factuellement (à défaut de plus sereinement) ? Ce sont des informaticiens (et des bons !), ils devraient être rationnels et garder la tête froide. Au lieu de cela, ils adorent transformer la réunion en marché aux poissons ! »

Stéphane a bien assimilé les bases de l'animation de réunions. Cette étape essentielle n'est pas nécessairement suffisante. En réunion, et plus largement lors de tout entretien, les émotions (c'est-à-dire le côté humain de la relation) jouent un rôle important.

Stéphane décide alors d'appliquer un autre mode de fonctionnement en proposant la « technique des lunettes », à savoir centrer le débat sur un seul thème à la fois. Compte tenu de l'ambiance tendue, il choisit, une fois l'ouverture faite, de faire la purge des émotions. Le plus difficile est d'obtenir au départ que chacun puisse s'exprimer sans provoquer de retours agressifs de ses collègues. Il leur demande d'appliquer une technique issue de la « Communication Non Violente »[1], le DESC :

- **D**écrire les faits.
- **E**xprimer son ressenti (« je ressens… » et non agresser l'autre par des phrases commençant par « tu… » ou « vous… »).
- Proposer des **S**olutions.
- Chercher une **C**onclusion.

Après une phase de rodage, il perçoit un meilleur climat dans ses réunions.

LOI DES RÉUNIONS

Ne dites rien avant que la réunion soit presque finie, on vous prendra pour un sage.

---

1. Technique conçue dans les années 1980 par Marshall Rosenberg : *Les mots sont des fenêtres*, La Découverte, 2004.

8

S'ouvrir à son environnement

Vous avez su vous organiser et vous réserver du temps « protégé ». Vous seriez à même de gérer correctement vos journées, s'il n'y avait... les « autres ». Le travail en transverse, sous forme de mode projet ou simplement par la transmission d'informations, a fait exploser les frontières des organisations en interne. Peu d'équipes travaillent en vase clos aujourd'hui. Les systèmes de gestion intégrés contribuent fortement à ce désenclavement. Comment s'organiser en conséquence ? Pour sortir de ce schéma, peut-on aller au-devant de ses interlocuteurs situés en amont et en aval ? Comment être averti au plus tôt des changements en cours ou à venir ? De quelle manière partager l'information avec les membres de son équipe ?

ÉVITER LE VASE CLOS

Votre équipe fait partie d'un ensemble et, à ce titre, elle coopère avec l'entreprise tout entière. Savez-vous ce qu'il advient de son travail ? Vous rouspétez peut-être de la qualité des informations fournies (ou de leur retard) par vos partenaires internes, mais avez-vous été leur expliquer vos attentes ?

Les apports de l'analyse systémique

La « science » du management a été pendant longtemps inspirée par les méthodes de production industrielle : un travail d'équipe normé. Habituellement, votre équipe est censée recevoir un travail préparé comme il faut (selon les normes), et doit accomplir un certain nombre d'actions, à la fin desquelles, elle transmet le résultat à un autre service, qui prend le relais.

L'évolution de ces dernières années a profondément changé cette configuration. La complexité des tâches, leur dimension de sur-mesure et l'autonomie accordée à chaque équipe, font que les tâches effectuées par l'une de ces dernières sont à géométrie variable. Il en ressort que vous n'avez plus de « cahier des charges » précis du niveau de qualité et de détail requis par vos clients internes. Il est même possible que ce que vous leur fournissez en toute bonne foi ne corresponde pas ou plus à leurs attentes, parce qu'eux-mêmes sont confrontés à des demandes changeantes en permanence de leurs propres clients.

Comment répondre au mieux aux attentes ? En prenant en compte non seulement les tâches qui vous sont demandées, mais également votre environnement. À quoi ressemble celui-ci ?

FIGURE 13. L'environnement de votre équipe

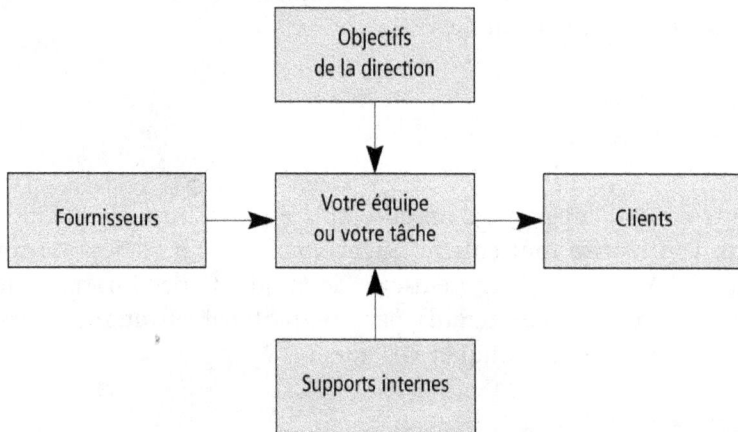

Il comprend :

- les ordres, et plus précisément, les objectifs donnés par votre direction. Ceux-ci peuvent être fixes sur une période de temps (objectif annuel), ou être sujets à variation ;

- les clients, qui peuvent avoir des exigences variables ;
- vos propres fournisseurs (ceux qui font le travail en amont de vous), qui ont leurs propres contraintes ;
- les supports internes (ex. service informatique, comptabilité…), qui vous épaulent pour la pleine réussite de vos projets.

Vous pouvez toujours espérer que les autres sont à votre disposition, mais vous savez bien dans le fond que vous avez besoin de faire des compromis avec eux. Beaucoup de services, tout transverses soient-ils, sont souvent perçus par les autres entités comme des systèmes clos, des boîtes noires qui aspirent des données et en restituent. Dans ces conditions, il vous est parfois difficile d'obtenir des retours de vos interlocuteurs.

C'est là qu'intervient l'intérêt de faire appel à l'analyse systémique[1]. Elle nous enseigne qu'un système vivant en vase clos est condamné à mourir.

À l'inverse, les systèmes qui favorisent les relations et les interrelations se nourrissent et s'enrichissent mutuellement. Un système doit pouvoir s'adapter en permanence. Les expériences vécues lui permettent de se renouveler, d'exploiter ses potentiels et d'évoluer.

À vous donc de faire le premier pas !

Revoir le processus permet de supprimer la surqualité, inutile, et de résoudre les problèmes de sous-qualité perçus par les clients et les fournisseurs internes, sources de déception.

---

1. L'analyse systémique facilite la compréhension et l'étude de l'infiniment complexe. Alors que l'approche analytique se concentre sur un élément à la fois, l'approche systémique intègre les interactions entre les éléments. Voir l'ouvrage de Joël de Rosnay en bibliographie.

Comment s'ouvrir ?

La démarche à adopter se déroule en cinq étapes.

1. **Connaître tous les clients et les fournisseurs**
    Cette phase permet de rassembler l'équipe autour d'une même approche. Quelle que soit la taille de votre équipe, vous n'avez qu'une vue partielle de la situation. Il en est de même de vos collaborateurs qui souvent ne mesurent pas assez qui est concerné par leurs actions.

2. **Identifier les principaux services rendus**
    Si vous ne traitez qu'avec une partie de l'environnement de l'équipe, vous ne possédez qu'une vision réduite des effets de vos prestations, au-delà des personnes à qui vous les adressez. Parfois, vous pouvez rendre des services que vous ne soupçon-nez même pas.

3. **Savoir ce qu'en font les clients ou les fournisseurs**
    Vous découvrirez probablement que, malgré le fait que vous travailliez au quotidien avec vos interlocuteurs, vous les connaissez mal. Posez-vous une simple question : que fait de mes données l'interlocuteur à qui je les transmets ? Sont-elles cruciales pour lui ? Nous consacrons parfois de longues heures à des travaux qui ne servent plus à personne. De même, nous ne prenons pas en compte des données qui peuvent être clés pour eux.

    Avez-vous déjà demandé à vos interlocuteurs habituels non pas seulement si vos données étaient utiles pour eux, mais aussi ce qui leur est demandé de faire ? Vous découvrirez à cette occa-sion qu'ils passent du temps à faire des tâches que vous avez déjà faites.

    Pour savoir cela, il vous suffit d'aller les voir et de parler avec eux. Demandez-leur simplement ce sur quoi ils sont attendus, et vous entendrez des choses peut-être surprenantes.

    C'est là que vous découvrez des poches de surqualité… et de non-qualité. Une autre manière de revoir vos priorités.

4. **Construire un plan d'action**

   Les premières actions sont souvent aisées à identifier : faciliter l'information sur les dossiers en cours, simplifier l'information… Elles peuvent être l'objet de mesures concrètes et partagées au sein de l'équipe.

   Au-delà de celles-ci, posez-vous les questions sur le sens de votre travail et son évolution. Vous pouvez ainsi pressentir que certaines compétences vont être de plus en plus exigées : cela peut vous ouvrir des pistes de progrès à moyen terme pour vous-même et votre équipe (à classer dans l'important/non urgent).

5. **Se fixer des indicateurs d'amélioration**

   Ces indicateurs découlent naturellement du plan d'action. Ils doivent surtout être compris à la fois par votre équipe et par vos partenaires. Choisissez, de préférence, des indicateurs qui permettent de mesurer des réalisations rapides.

   Aussi efficace qu'elle soit, cette démarche peut aboutir à un échec dans les cas suivants :

   • Vous voulez tout traiter ? Mieux vaut travailler par séquences, en commençant par de courtes actions à retour rapide (*quick wins*).

   • Vous vous attendez à des résultats immédiats ? C'est un cheminement lent qui portera progressivement ses fruits.

   • Vous pensez que vous connaissez bien vos interlocuteurs ? Nous avons tous des voisins près de notre domicile, que nous saluons régulièrement. Les connaissons-nous pour autant réellement ?

Et vous ?

Attendez-vous pour agir que la situation vous semble plus stable ?

Il y a toujours un changement en cours, une réorganisation à venir, une évolution de l'environnement… en bref, une « bonne » raison de reporter sa décision.

Vouloir tout faire seul.

Ce que vous gagnerez à court terme en temps et en compréhension, vous le perdrez en communication avec votre équipe.

Bâtir un réseau pour anticiper

Une enquête comme décrite ci-dessus se conduit environ une fois tous les six à douze, voire dix-huit mois (sauf modifications profondes au sein de l'entreprise), car l'organisation vit au quotidien et de nombreux petits changements peuvent l'affecter. Cependant, vous ne pouvez pas toujours attendre un tel délai pour prévoir les besoins de vos principaux interlocuteurs.

Les trois cercles

Afin de mieux organiser l'activité de votre équipe, apprenez à anticiper les besoins de ceux avec qui vous travaillez. Pour cela, vous allez mener une action sur la durée, à laquelle vous intégrerez quelques collaborateurs : il s'agit de bâtir un réseau de personnes plus large que celui dont vous disposez.

Prenez une feuille de papier et dessinez trois cercles concentriques.

FIGURE 14. Réseau d'influences sur votre activité

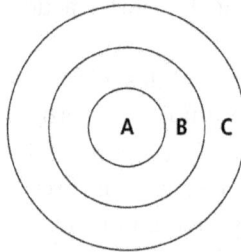

Le *cercle A* est constitué des personnes qui influent le plus sur votre activité. Ce sont souvent vos fournisseurs et vos clients (internes ou externes). Vous les connaissez parce que vous les voyez (ou les avez au téléphone) quotidiennement, mais comme précédemment, au-delà des aspects opérationnels qui vous lient, les connaissez-vous vraiment ? Qui sont-elles ? Les voyez-vous régulièrement en dehors des réunions ? Quand et comment pourriez-vous les rencontrer ? Vous pouvez, par exemple, déjeuner avec l'une d'elles une fois par semaine pour mieux faire connaissance. Ces personnes ont aussi leurs contraintes, leurs projets...

Le cercle B correspond aux individus qui ont une influence indirecte sur vos projets (souvent *via* les membres du cercle A). Il s'agit, par exemple, des personnes que vous côtoyez dans les réunions. Vous les connaissez de vue, ils vous connaissent. Pouvez-vous en dresser la liste ? Quels buts ont-ils ? En quoi votre activité a de l'incidence sur la leur ? Comment les informer de vos propres activités ? Comment être tenu au courant de leurs attentes ? Peut-être en allant les saluer à la fin d'une réunion, et en leur proposant de prendre un café ensemble ?

Le cercle C comprend ceux qui ont une influence périphérique et indirecte sur votre activité. Ce sont, par exemple, les destinataires indirects de vos mails (ils sont en copie des vôtres ou de ceux qui vous sont adressés). Ces personnes sont moins demandeuses d'informations générales, elles sont plutôt intéressées par les données associées à leur activité. Par exemple, les financiers comprendront mieux votre activité et vos besoins si vous les en informez régulièrement. Les membres de ce cercle sont plus souvent sources de blocages que d'actions proactives... si vous ne vous en préoccupez pas.

L'utilité du réseau

Le réseau constitué par ces trois cercles a une double utilité :

• d'une part, il permet de mieux anticiper les besoins et les attentes ;

• d'autre part, il valorise l'action de votre équipe.

N'oubliez pas, ce n'est pas parce que des personnes assistent à vos réunions qu'elles comprennent le travail de votre équipe ! Bien sûr, il ne s'agit pas de « briller » en déclinant toutes les actions entreprises par le service, mais plutôt de préciser, par rapport aux besoins et aux attentes de vos interlocuteurs, ce que vous pouvez leur apporter. Vous serez surpris de constater qu'ils ne vous connaissent pas si bien que cela...

Prêt à commencer ? Alors dressez une liste de dix personnes du *cercle A*, et invitez (au restaurant d'entreprise) la première d'entre elles cette semaine ! Faites une liste des personnes du *cercle B* et allez à la rencontre de l'une d'entre elles. Enfin, décrochez votre téléphone et trouvez un prétexte pour entrer en contact avec l'une des personnes du *cercle C*.

Outil

Guide pour se faire un ami par semaine

	Questions	Votre réponse
1	Quelles sont les cinq personnes autour de vous (en dehors de votre équipe ou de votre hiérarchie) qui influent le plus en amont ou en aval sur votre activité ?	1. 2. 3. 4. 5.
2	Que savez-vous d'elles ?	1. 2. 3. 4. 5.
3	Pour combien d'entre elles pouvez-vous affirmer et donner une réponse : • Je sais quel est son principal objectif. • Je sais comment elle compte l'atteindre. • Je sais en quoi j'y contribue. • Elle sait ce que je peux lui apporter.	• • • • Vous êtes surpris du résultat ? Pas d'inquiétude, c'est normal !
4	Si vous ne savez pas répondre, comment comptez-vous obtenir l'information : • lors d'une pause-café ? • dans une réunion ? • en déjeunant avec la personne ? • en lui envoyant un e-mail ?	• • • • Il est primordial que vous soyez à l'aise avec la méthode adoptée. Commencez par celle que vous préférez.
		.../...

Questions	Votre réponse
5 Comment comptez-vous aborder votre interlocuteur : • sous un prétexte quelconque ? • ou en lui expliquant votre démarche ?	• • Vous redoutez la discussion avec votre interlocuteur ? N'oubliez pas que la seule personne qui l'intéresse, c'est lui ! Parlez-lui donc de lui, il vous écoutera…

Terminé ? Vous connaissez mieux vos cinq interlocuteurs, et ils vous comprennent mieux ? Bravo ! Retournez à la case départ : choisissez cinq autres interlocuteurs clés et reprenez à la question n° 2.

Ne cherchez pas à aller trop rapidement. Très vite, vos urgences vous rattraperont. Cette démarche a un effet boomerang. Dans notre culture, nous n'aimons pas faire le premier pas (timidité ? fierté ? orgueil ?). Une fois celui-ci franchi par vous, c'est souvent l'Autre qui vous rappellera parce que votre ouverture lui aura ouvert de nouveaux horizons.

Et vous ?

Invitez quelqu'un à partager votre déjeuner cette semaine.

Lancez votre invitation dès maintenant, le plus dur est de décrocher son téléphone (ou d'envoyer un e-mail).

S'en tenir à un seul avis.

Chacun ne voit qu'une part de la vérité.

PARTAGER L'INFORMATION

Vous avez mené une large enquête avec vos collaborateurs pour mieux apprécier les attentes et les besoins de vos clients et fournisseurs. Vous avez constitué progressivement un réseau autour de votre équipe, dans le but de mieux la faire connaître et d'obtenir des informations. Il va maintenant falloir utiliser, animer et entretenir le flux de données qui va découler de ces actions.

Vos collaborateurs seront les premiers à recueillir les informations. Parmi ces dernières se trouveront de vraies et de fausses rumeurs, des précisions essentielles et d'autres insignifiantes.

Il est parfois important de prendre en compte des signaux faibles. Le meilleur filtre pour déterminer leur pertinence est le regard averti de vos collaborateurs, qui se sentiront de plus responsabilisés si vous partagez avec eux les données reçues.

En France, nous ne sommes pas des spécialistes du recueil et du traitement de l'information, et ce pour diverses raisons : notre éducation refrène en nous l'envie de poser des questions ; le fait de garder pour soi des renseignements a été longtemps associé à une forme de pouvoir et, enfin, nous sommes rarement remerciés pour avoir transmis des informations.

Malgré tout, ne vous découragez pas et adoptez une démarche organisée. Vous pouvez aussi faire participer vos collaborateurs :

- suggérez lors des réunions des thèmes de recherche ;
- demandez à chacun auprès de quelles personnes il peut se renseigner ;
- donnez un délai (trois semaines) ;
- félicitez par écrit et en public ceux qui vous font parvenir des informations ;
- valorisez la valeur ajoutée des données recueillies ;
- présentez-en une synthèse et animez un débat sur le sujet ;
- relancez deux mois plus tard une nouvelle recherche sur un thème issu du débat.

Bien sûr, en récoltant ces informations, vous aurez le droit à toutes sortes de rumeurs. Sachez faire la part des choses. Une rumeur, en général, est une marque de peur (ou de rêve). Creusez donc ces rumeurs pour savoir ce qui se cache derrière. Ainsi, par exemple, il peut vous arriver aux oreilles que votre service va être absorbé par un autre. Comment les collaborateurs le vivent-ils ? Ont-ils peur de perdre leur « confort », leur identité d'équipe ? d'être moins compétents que leurs collègues ? C'est l'occasion de les faire réfléchir sur leurs points forts, leur organisation et surtout sur la façon de valoriser leur propre activité. Parfois, cela revient à mettre à plat les priorités qu'ils ont et leur gestion du temps.

Vos collaborateurs prendront l'habitude de rapporter plus régulièrement des informations, ce qui vous aidera à rester en contact avec votre environnement. Quand commencez-vous ?

Et vous ?

Valorisez ceux qui transmettent l'information.
Vous inciterez ainsi les hésitants à suivre leur exemple.

« Faites-vous un ami par jour. » (Paul Ricard)
Vous serez surpris de constater de quelle manière votre cercle s'élargira.

SYNTHÈSE

Prendre en compte les priorités de son environnement, c'est à la fois mieux anticiper ses besoins et mieux valoriser son action. L'un des rôles les plus difficiles d'un responsable est de fédérer une équipe composée de collaborateurs travaillant dans des univers hétérogènes, avec des interlocuteurs différents. La recherche et le partage d'informations sont essentiels pour créer des valeurs et un cadre de référence communs. Pour cela, quittez votre bureau et allez à la rencontre des autres. Vous ne faites pas des « relations publiques » : vous aidez vos collaborateurs et collègues à mieux travailler. C'est parfois difficile de se lancer parce que nous avons appris, tant à l'école qu'en entreprise, de ne pas s'occuper des autres. Pourtant, l'environnement fait que nous n'avons pas le choix. Une histoire pour illustrer ce point : lorsque Raymond Levy a pris la direction de Renault (1986), il connaissait les grandes entreprises, mais pas l'industrie automobile. Il posait des questions d'apparence anodine : « Combien de temps faut-il pour lancer une voiture si je dis oui aujourd'hui ? » La réponse à l'époque était 52 mois. Il demandait alors : « Et les Japonais, il leur faut combien de temps ? » Réponse : « 32 mois ! ». Il découvrit progressivement que la différence n'était pas dans le savoir-faire ou la qualité des personnes ou du matériel, mais tout simplement dans la concertation et le mode projet. Il instaura le mode projet chez Renault, et le temps moyen de lancement est descendu aujourd'hui à 30 mois. Parler, échanger, cela peut être pour vous une perte de temps. Cela l'est… à court terme. Vous y gagnerez très vite beaucoup de temps en évitant la surqualité.

Cas pratique

Chloé est responsable des achats dans une entreprise industrielle. Elle a fort à faire entre les demandes des différents services de l'entreprise et les exigences des financiers (qui jouent un rôle de frein).

Épaulée par une équipe de huit personnes, Chloé parvient tant bien que mal à respecter les délais des demandes tout en recherchant l'économie. « Il faut être masochiste pour accepter d'être ainsi écartelé, mais c'est le métier d'acheteur qui veut ça », se dit-elle avec philosophie.

Le plus difficile à supporter est l'ingratitude : elle réalise tous les jours que son service a mauvaise presse en interne. Ses collaborateurs lui rapportent que les gens poussent de gros soupirs ou lèvent les bras au ciel dès qu'on leur parle des achats.

Forte d'une longue expérience dans plusieurs entreprises, Chloé ne s'en étonne guère : « Nous avons un mauvais rôle, car nous mettons de l'ordre dans la pagaille qui règne. Chacun veut jouer à l'acheteur. Auparavant, nous réalisions des îlots de gain dans un océan de pertes. Depuis que nous avons centralisé les achats, nous faisons des économies substantielles, et il y a moins de rupture de stock à tous les niveaux. »

La jeune femme est fière de son équipe : « Les acheteurs comme les assistantes sont de bons professionnels. Ils connaissent bien leur domaine et n'économisent ni leur temps ni leur peine. »

Le fait que son service ne soit pas reconnu à sa juste valeur la préoccupe. Elle consacre beaucoup de temps à justifier les actions de son équipe et à la défendre. À ses yeux, les achats font partie d'un processus transverse : or, elle est toujours avertie à la dernière minute par les partenaires concernés. Elle organise pourtant nombre de réunions pour anticiper. Comment convaincre ses interlocuteurs de mieux jouer le jeu ? Comment développer sa valeur ajoutée ? Comment passer d'une culture réactive à une culture avec anticipation des besoins ?

Chloé décide de prendre son bâton de pèlerin : elle veut comprendre ses interlocuteurs. Ceux-ci l'encouragent dans sa démarche de progrès. Toutefois, leurs réponses ne l'aident guère, car soit ils ne lui fournissent que des éléments déjà connus ou des hypothèses assez floues, soit ils tentent d'obtenir des délais plus courts pour des commandes existantes. Elle ne sait pas comment connaître leurs réels besoins, sans lesquels elle ne peut bâtir sa stratégie.

En discutant de tout à fait autre chose avec un responsable commercial, elle a une révélation. Son interlocuteur lui expliquait comment il faisait évoluer la culture de ses commerciaux :

« Avant, mes commerciaux proposaient leurs produits et services, puis écoutaient le client. Aujourd'hui, je leur demande de poser des questions et de ne proposer que ce qui a une réelle valeur pour le client, c'est-à-dire ce qui va l'aider à atteindre ses objectifs. Nous vivons une véritable révolution : ce n'est pas nous qui vendons, ce sont les clients qui achètent ! »

Chloé réfléchit à cette approche. Comment la transposer dans son domaine ? Elle a toujours pensé que ses partenaires connaissaient leurs besoins et savaient ce qu'ils attendaient du service achat. Elle réalise tout à coup qu'elle-même, pour son service, aurait du mal à répondre à la question : « De quoi avez-vous besoin… ? »

Elle réunit son équipe et lui explique son projet : aller rencontrer leurs interlocuteurs et leur demander ce qu'ils ont comme objectifs.

Après un moment d'incrédulité, ses collaborateurs lui répondent : « D'accord, allez voir nos interlocuteurs. » Chloé comprend qu'ils n'ont pas bien saisi son message. Elle reprend : « Je vous demande, à vous, d'aller voir vos interlocuteurs et de leur poser ces questions. » Tous s'étranglent de rire : « Comment demander à nos interlocuteurs ce qu'ils font, alors que nous les connaissons, pour la plupart d'entre nous, depuis des années ? Nous les avons au téléphone deux ou trois fois par jour ! Nous ne pouvons pas aller les voir et leur demander ce qu'ils font ! »

Chloé rit de bon cœur avec eux : « Je comprends le comique de la situation. Toutefois, il ne s'agit pas seulement de leur demander ce qu'ils font. » Elle leur raconte sa rencontre avec le commercial. « Nous devons comprendre en quoi nous pouvons les aider à atteindre leurs objectifs. » Un peu dubitatifs, les membres de l'équipe finissent par se répartir les personnes à rencontrer.

Une semaine plus tard, Chloé profite de la réunion de service pour leur demander un retour sur les entretiens qu'ils ont menés. Maxime, l'un des acheteurs les plus perplexes lors de la réunion précédente, prend la parole le premier : « C'est surprenant ! Celui que j'ai été voir m'a jusqu'ici toujours parlé de l'importance du prix. Lorsque je lui ai demandé si c'était bien le prix qui allait le plus l'aider, il m'a regardé bizarrement. À ma grande surprise, il m'a dit que ce qui l'intéresserait avant tout, c'était de savoir qui fait quoi chez nous. Il m'a expliqué qu'il ne savait pas toujours à qui s'adresser. Il est vrai que les dossiers circulent beaucoup entre nous : pour lui, cela ne doit pas toujours être évident, compte tenu de la variété de ses demandes. »

Le groupe commence à débattre pour trouver une solution : ne pas échanger les dossiers, tenir une liste à jour (qui s'en charge ?)…

Chloé, pour éviter de perdre le rythme de la réunion, propose de revenir plus tard sur ce point. Julie, l'une des assistantes, reprend son résumé des entretiens : « Mon interlocuteur m'a dit qu'il était difficile de suivre les facturations en cours d'année, car il ne sait pas qui suit quoi. Quand il veut savoir s'il lui reste du budget, il ne sait à qui s'adresser. À ses yeux, chacun se renvoie la balle… »

À nouveau, le groupe recommence à débattre de l'ingratitude des autres services (« Il faut faire leur travail ! ») et des solutions possibles pour y remédier. Certains en profitent même pour revenir sur le premier sujet… Chloé a du mal à relancer le tour de table.

« Pour ma part, reprend enfin Benjamin, j'ai vu quelqu'un qui nous reproche notre côté "tour d'ivoire". Venez-nous voir, me disait-il, venez partager votre expertise avec nous. Nous travaillerons mieux ensemble. »

Chloé sourit à ces mots. Même s'ils ne sont pas très agréables à entendre, elle comprend qu'elle a touché un point sensible. Il faut maintenant en tirer parti pour progresser…

L'équipe bâtit sa cible d'interlocuteurs ABC et décide de systématiser sa démarche en l'étendant progressivement à d'autres contacts.

Dans le même temps, elle construit une démarche pour aller rencontrer ses donneurs d'ordre et chercher avec eux des pistes de progrès en termes d'achats et d'économies de stocks. Cette démarche rencontre un grand succès et nombre de services, jusqu'alors réticents à collaborer avec le service achat, sont demandeurs. Il faut dire que, dans une conjoncture difficile, elle leur offre l'opportunité de réduire leurs coûts d'approvisionnement et leurs stocks. C'est tout bénéfice à la fois pour les donneurs d'ordre et le service achat, qui anticipe mieux ainsi les besoins.

Enfin, un petit groupe de volontaires s'attache à mettre en place une organisation sur le « qui fait quoi ? » (savoir renseigner sur qui va acheter quoi ?) et le « qui suit quoi ? » (informer sur la situation des comptes d'achat).

L'enthousiasme est grand dans l'équipe qui voit son travail reconnu et ses efforts récompensés.

En lançant son enquête, Chloé a mis le doigt sur le manque de communication entre les services. Elle découvre que si les entreprises souhaitent organiser le travail en transverse pour accroître l'efficacité de leurs équipes, les mentalités n'ont guère évolué. Chacun raisonne souvent en considérant que tout le monde perçoit la même chose que lui, et comprend ses attentes et ses propos.

LOI DE METCALFE[1]

L'utilité d'un réseau est proportionnelle au carré du nombre de ceux qui l'utilisent.

1. Robert Metcalfe (né en 1946), ingénieur américain, inventeur notamment du protocole Ethernet, a énoncé cette loi empirique : trois personnes isolées ont peu de poids ; ensemble, elles décuplent leurs façons d'agir.

PARTIE 5

FAIRE PROGRESSER VOTRE SAVOIR-FAIRE GRÂCE À UN MEILLEUR RAPPORT À AUTRUI

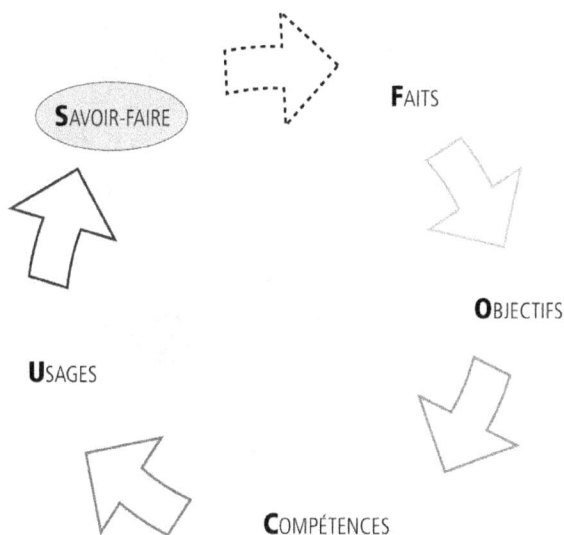

PARTIE 5

FAIRE PROGRESSER VOTRE
SAVOIR-FAIRE GRÂCE
AU MEILLEUR RAPPORT
À AUTRUI

9

Veuillez rappeler ultérieurement

Vous gérez au mieux vos priorités, et vous avez pris de bonnes résolutions. Maintenant, il faut passer à l'action, sans vous retrancher derrière : « C'est bien vrai tout cela, mais je n'ai pas le temps », ou « Il faudrait plutôt en parler à mon responsable »…
Le temps est une denrée rare, et pourtant, nous pouvons en disposer, en faisant preuve de volonté, d'organisation, et de communication. Dans ce domaine, vos besoins sont clairs : mieux répartir votre temps entre les tâches importantes et les urgences, vous réserver des plages horaires calmes pour effectuer les travaux de fond et satisfaire vos interlocuteurs, tout en vous faisant respecter. De nombreux cadres n'y parviennent pas, parce que sollicités sans cesse. Qui est responsable de la situation ? Comment faire pour être moins dérangé ? Devez-vous systématiquement dépanner tous ceux qui vous appellent à l'aide ? Ce chapitre porte principalement sur la manière de gérer les multiples sollicitations dont vous êtes l'objet ou qui vous tentent. Dans le chapitre suivant, vous traiterez le fait de savoir dire carrément « non » (avec les formes, bien entendu).

PROUVER SON ENGAGEMENT

Vous pouvez avoir les meilleures intentions du monde, toutefois les mettez-vous en pratique ? Bien sûr, il est facile de reporter les fautes sur les autres, toutefois faites-en la démonstration en mettant vos bonnes intentions en pratique : soyez plus clair avec vous-même sur « qui traite quoi » et votre capacité à vous ménager des plages de temps.

Responsable, mais pas coupable ?

Si vous en voulez à vos collègues, clients... de leurs dérangements incessants, vous en êtes peut-être aussi en partie responsable :

• Les avez-vous habitués à un service « immédiat » ?

• Laissez-vous votre téléphone allumé en permanence ?

• Savez-vous bien apprécier le temps à consacrer à chaque tâche ?

Bien sûr, vous avez aussi des excuses : vous cherchez au mieux à concilier travaux à long terme et urgences. Or, la culture de l'urgence fait qu'aujourd'hui nous ne supportons plus d'attendre.

Dans notre culture occidentale, celui qui gère le temps a le pouvoir. Les combats entre les communes et les églises pour la définition du temps sont exemplaires. Durant des siècles, ce sont les églises qui rythmaient les journées avec leurs cloches. L'apparition des pendules au fronton des mairies, la démocratisation des montres et surtout l'interdiction des cloches sous prétexte de troubles de l'ordre public sont quelques-unes des étapes qui ont conduit au transfert du temps vers les pouvoirs civils.

De même, peut-on se pencher sur la pendule et les pointeuses qui marquent le rythme de travail des ouvriers. Le fait que les cadres soient considérés comme non assujettis au pointage fut pendant longtemps reconnu comme un signe de pouvoir.

Aujourd'hui, dans de nombreuses entreprises, les cadres pointent, ce qui trahit :

• une preuve des exagérations en la matière ;

• leur sentiment de perte de pouvoir ;

• la nouvelle image qu'ils ont de leur rôle (« des mercenaires, pas des esclaves »).

Dans ce contexte, vous pouvez avoir inconsciemment l'impression, en vous réservant du temps, de vous placer « au-dessus » de vos collaborateurs. C'est probablement une des raisons qui vous freine au départ dans votre démarche de respect du temps.

Pourtant, réalisez que la notion de temps est en train d'évoluer. Le temps est aujourd'hui inscrit non pas dans la continuité, mais dans l'instantanéité. Votre démarche s'inscrit dans un environnement où tout pousse à l'urgence. Or, vos travaux de fond nécessitent de longues périodes de réflexion.

Cela va vous inciter d'une part à bien définir si une tâche est de votre ressort, et d'autre part à savoir vous isoler.

Qui traite quoi ?

Trouver du temps suppose savoir discerner les tâches qui vous incombent et celles que d'autres sont censés réaliser.

Depuis les années 1990, par souci de rationalisation, nombre d'entreprises ont déployé des efforts importants pour organiser les postes de manière plus professionnelle. La démarche entrait dans le cadre du vaste mouvement du développement des compétences et de l'appréciation individuelle. Cette action a des limites de plus en plus évidentes. Une grande entreprise du secteur de l'énergie a, par exemple, mis trois ans à publier des fiches de poste validées par les parties concernées. Or, les évolutions des métiers et les modes transverses avaient rendu obsolètes entretemps nombre de ces constructions rationnelles.

Dans certaines sociétés, chaque titulaire d'un poste reçoit une fiche complète spécifiant ce qui est de son ressort et ce qui ne l'est pas. À l'opposé, il arrive que les fiches de poste soient peu précises : le titulaire définit alors lui-même ses fonctions en délaissant ce qui ne l'intéresse pas et en s'adjugeant, parfois de force, les actions qu'il apprécie. Gare aux « trous noirs » entre deux collaborateurs !

À vous de compléter les documents existants grâce aux définitions qui vous sont données par votre manager, afin de savoir si une tâche vous incombe. Voici une grille de questions qui vous y aidera. Avant de traiter un nouveau sujet, demandez-vous systématiquement :

FIGURE 15. *La grille de choix*

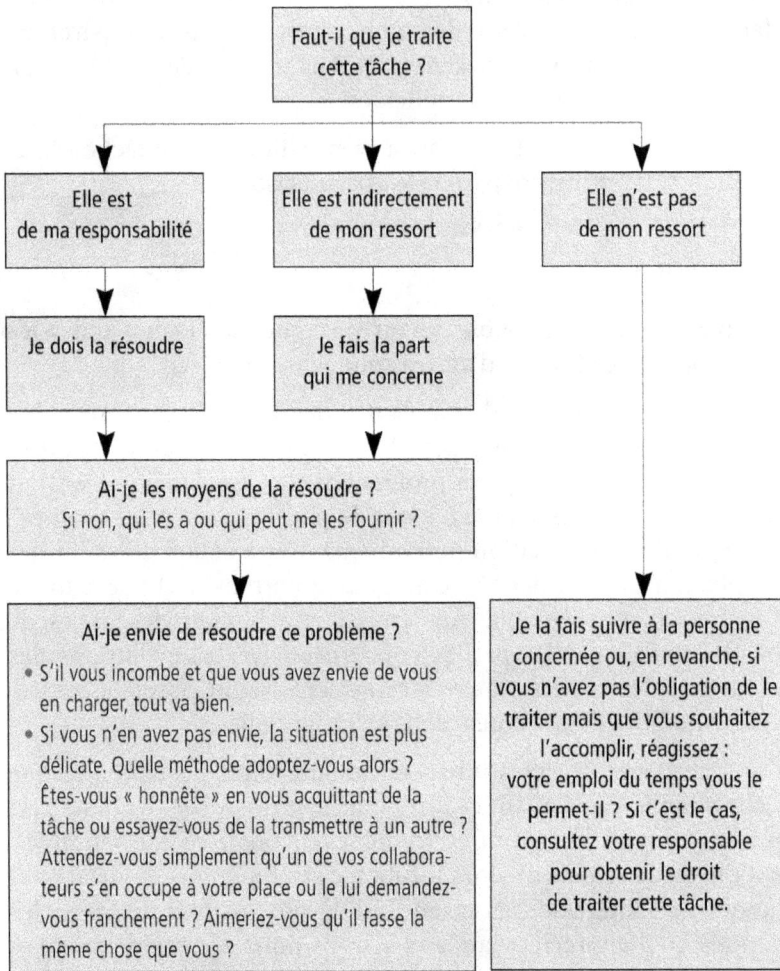

```
                    ┌──────────────────┐
                    │ Faut-il que je traite │
                    │   cette tâche ?   │
                    └──────────────────┘
         ┌──────────────┼──────────────┐
         ▼              ▼              ▼
┌──────────────┐ ┌──────────────┐ ┌──────────────┐
│  Elle est    │ │ Elle est indirectement │ │ Elle n'est pas │
│ de ma responsabilité │ │  de mon ressort  │ │ de mon ressort │
└──────────────┘ └──────────────┘ └──────────────┘
         ▼              ▼
┌──────────────┐ ┌──────────────┐
│ Je dois la résoudre │ │ Je fais la part │
│              │ │ qui me concerne │
└──────────────┘ └──────────────┘
         └──────┬───────┘
                ▼
┌──────────────────────────────────┐
│ Ai-je les moyens de la résoudre ? │
│ Si non, qui les a ou qui peut me les fournir ? │
└──────────────────────────────────┘
                ▼                              ▼
```

Ai-je envie de résoudre ce problème ?
- S'il vous incombe et que vous avez envie de vous en charger, tout va bien.
- Si vous n'en avez pas envie, la situation est plus délicate. Quelle méthode adoptez-vous alors ? Êtes-vous « honnête » en vous acquittant de la tâche ou essayez-vous de la transmettre à un autre ? Attendez-vous simplement qu'un de vos collaborateurs s'en occupe à votre place ou le lui demandez-vous franchement ? Aimeriez-vous qu'il fasse la même chose que vous ?

Je la fais suivre à la personne concernée ou, en revanche, si vous n'avez pas l'obligation de le traiter mais que vous souhaitez l'accomplir, réagissez : votre emploi du temps vous le permet-il ? Si c'est le cas, consultez votre responsable pour obtenir le droit de traiter cette tâche.

Bien sûr, il y a des cas d'exceptions où vous êtes conduit à traiter des tâches qui ne sont pas de votre ressort : congés, maladie, urgences. L'essentiel est que ce soit perçu comme une exception et ne devienne pas une règle.

SE RÉSERVER DU TEMPS

Un cadre est interrompu en moyenne toutes les sept minutes. La loi de Carlson nous apprend que la tâche n'en durera que plus longtemps. Dans ce contexte, savoir se réserver des plages de temps de 60 à 90 minutes est souvent nécessaire pour traiter au mieux des dossiers de fond et… gagner du temps en supprimant les interruptions.

Voici quelques moyens de favoriser ce genre d'actions :

		Fait	À faire
1re règle Faire le ménage devant sa porte	• mettre son téléphone fixe sur messagerie avec un message *ad hoc* signalant la personne à joindre en cas d'urgence, ou transférer automatiquement ses appels • éteindre son téléphone portable • supprimer la sonnerie prévenant de l'arrivée de nouveaux e-mails • avoir sur l'écran de son ordinateur autre chose que sa messagerie		
2e règle Éduquer son équipe	• expliquer le sens de sa démarche (à quoi sert-elle ?) en rappelant les objectifs visés • s'assurer que le remplaçant choisi est d'accord et opérationnel • bien définir avec cette personne ce qu'elle doit faire (et vérifier notamment qu'elle-même ne consacre pas ce temps à des travaux de fond) • proposer la réciprocité (les collaborateurs pourront eux aussi disposer de plages pour les travaux de fond)		
3e règle Diffuser le message auprès de ses collègues en transverse	• leur dire qui contacter (d'où l'importance du message sur le répondeur) • diffuser l'information selon les modes d'assimilation des personnes : certaines ont besoin de la lire (e-mail), d'autres de la voir (panneau, affiche), d'autres enfin de l'entendre (annonce lors de réunions ou conversations) • remercier régulièrement ceux qui jouent le jeu (c'est un bon facteur d'entretien de la démarche)		
4e règle Faire respecter ces règles par les chefs*	• les impliquer en amont • leur en montrer les gains (et les risques associés) • les rassurer sur les compétences de leurs collaborateurs • montrer que l'on y croit soi-même		
* Y compris par le sien !			

Certaines entreprises ont mis en place de telles procédures. Une grande société de distribution de vêtements a, par exemple, instauré une règle simple : personne ne peut être joint avant onze heures du matin. Celui qui appelle tombe sur un standard qui prend le message ; le collaborateur concerné peut rappeler s'il le désire. Ce système s'applique à tous les niveaux, à commencer par le PDG.

D'autres encore édictent des règles valables pour leur service. Vous pouvez tout aussi bien établir les vôtres, en respectant quelques principes :

• votre liberté s'arrête là où celle des autres commence. Si, par exemple, vous ne prévoyez personne pour vous remplacer lorsque vous vous isolez, vous pouvez gêner certains de vos collègues et les mettre dans l'incapacité de travailler. Vous risquez alors d'engendrer rapports de force et petites vengeances ;

• tout est affaire d'organisation. Partagez avec d'autres – nombreux si possible – ce besoin d'isolement. Non seulement, ils vous aideront à protéger vos plages de temps, mais en plus ils seront les meilleurs propagandistes de cette approche, l'ayant eux-mêmes appréciée ;

• remerciez les personnes qui jouent le jeu et respectent votre nouvelle organisation. Leurs efforts seront perçus comme un « plus » et non comme un dû. L'établissement d'un rapport d'égalité favorise l'acceptation de cette pratique (voir conseil précédent) ;

• ne relâchez pas vos efforts. Comme dans l'apprentissage d'une langue étrangère, un simple laisser-aller risque de vous faire perdre des semaines d'application.

Pour ma part, il y a quelques années, travaillant dans un service informatique, j'avais choisi de changer de bureau lorsque je devais travailler de manière approfondie sur un dossier. Cela créait un jeu de cache-cache qui, bien qu'efficace, n'était pas toujours très bien perçu.

Estimez-vous que le temps qui passe a raison de vos bonnes résolutions ?

Faites le point régulièrement. Donnez-vous des objectifs simples et rapides à réaliser.

Diffusez un message positif à vos collègues lorsque vous vous isolez en leur offrant une alternative.

Proposez une solution à ceux qui se plaignent de ne pouvoir vous joindre instantanément.

COLLABORER, OUI MAIS...

Les formes de travail ont beaucoup changé ces dernières années. Les modes de communication et de savoir sont maintenant très diversifiés et ont accéléré à la fois la diffusion des informations et leur traitement. Bien plus, les distances s'étant raccourcies, le travail en réseau est devenu une pratique courante. Comment collaborer et bien user de ces outils et méthodes sans tomber dans des excès ?

Les nouvelles formes de travail

Vous rencontrez aujourd'hui en entreprise un mélange de cultures de communication : certains dirigeants peuvent avoir un usage basique d'internet, quand leurs proches collaborateurs en ont une pratique plus importante, qui n'est rien à côté de celles des jeunes cadres qui ne peuvent plus vivre sans.

Ces formes de travail en réseau, ou *via* les outils de communication, permettent de résoudre les problèmes plus rapidement, de mieux répondre aux clients, de plus intégrer les partenaires et de favoriser l'émergence de nouvelles idées. Elles ont permis des gains de productivité extrêmement importants.

Elles concernent de manière inégale les collaborateurs dans l'entreprise. Ceux qui ont un travail non répétitif qui demande un bon niveau de maturation intellectuelle et de partage du savoir, du savoir-faire, voire de la décision, sont les plus concernés. À côté de ces personnes, d'autres peuvent être, de par la nature de leurs actes, moins impactés.

Ce qui est clair, c'est que ces « travailleurs du savoir » (l'expression est de Peter Drucker) ont un besoin d'animation différent : ils ont plus besoin d'un leader qui les guide et les motive, que d'un manager qui planifie et contrôle.

Même si les médias donnent une image assez homogène de l'usage de ces outils, dans la pratique, leur utilisation est fonction d'un certain nombre de critères :

• les exigences spécifiques à une entreprise ou un métier (un manager d'une entreprise internationale et un cadre aux marchés de gros de Rungis n'en tireront pas le même parti) ;

• la valeur que l'organisation y attache : est-ce un usage plus utile en interne ou à l'externe ?

• l'expérience en la matière en termes de gains ou de pertes de temps.

Ainsi Cisco Systems, société spécialisée dans les systèmes de communication (ex. les routeurs) a développé un grand usage des visioconférences et des réseaux pour relier ses clients et ses partenaires à ses ingénieurs, et limiter les pertes de temps liés aux voyages. De son côté, Procter & Gamble a cherché, par ce biais, a accélérer la circulation des idées en interne. Au final, des approches différentes qui conduisent à un usage différent des outils.

Les gains des outils

Ces outils offrent des gains importants en termes de gestion du temps et des priorités : ils économisent les heures de voyage, accélèrent la circulation des informations et permettent des échanges quasi constants.

Des études chez Cisco Systems révèlent que 78 % des collaborateurs concernés estiment avoir amélioré leur productivité, tout en ayant ressenti un impact positif sur leur vie privée, sans baisse de satisfaction des clients ou des partenaires.

De son côté, Procter & Gamble a pu mesurer une réduction significative dans le délai de mise sur le marché de nouvelles idées.

Nous n'en sommes qu'au début de la mise en œuvre de ces outils collaboratifs. En effet, sous beaucoup d'aspects, développer la collaboration diffère des méthodes traditionnelles pour accroître la productivité. De tels outils permettent à l'entreprise, de réduire le personnel et les coûts, tout en accroissant les échanges et les connaissances.

Toutefois, si le collaborateur ressent un accroissement de charges avec une baisse plus que proportionnelle du nombre de collaborateurs, le gain se transforme en perte pour lui : « En faire toujours plus, plus vite ».

Les risques des nouvelles formes de collaboration

Les risques de ces nouvelles formes d'organisation sont multiples. L'usage des outils n'est pas neutre. Les études du Dr Harold Leavitt ont démontré, dès la fin des années 1940, que le travail en groupe favorisait la créativité et la résolution de problèmes. D'autres études plus récentes (du MIT par exemple) ont confirmé que les formes collaboratives comme les groupes de discussion, les plateformes collaboratives et autres supports partagés, jouent un rôle de consolidation des groupes. À l'opposé, les outils de relation en « one-to-one » comme le téléphone mobile ou l'e-mail cassent l'esprit de groupe, et sont plus des outils de reporting et de contrôle.

Les entreprises l'ont bien compris, celles qui ont le plus développé les outils de partage sont celles qui avaient déjà une culture d'échanges et de communication. À l'opposé, les entreprises plus centralisées ont plutôt favorisé l'usage des Smartphones et des ordinateurs portables. Pour les managers et collaborateurs, cela n'a fait qu'accroître la pression sur le délai.

Quand bien même ces outils seraient acceptés par leurs utilisateurs, d'autres pièges les attendent :

• les pièges classiques de la communication (interprétation, mécompréhension…) sont encore accrus par la distance, et surtout les différences de langues dans le cas de relations avec d'autres pays ;

- l'utilisation abusive de ces moyens de communication : consulter ses mails en permanence, ne pas pouvoir couper son téléphone… ;
- la recherche d'informations sur le Net (y compris au sein des outils collaboratifs) prend beaucoup de temps dans la mesure où le système de classement n'est pas forcément le vôtre ;
- la « socialisation » : quand la collaboration prend la forme de « socialisation », un temps important est perdu en échanges hors sujet ;
- la structure du temps de partage : les moments d'échanges en groupe sur internet sont souvent régis par des plannings très structurés. Or, les moments les plus créatifs dans des groupes sont souvent associés à des périodes de débats plus informels. La course au temps est anti-créative.

Et vous ?

Vous confortez-vous en estimant que c'est la faute de votre entreprise qui a la culture de l'urgence ?
Sachez ne réagir aux e-mails que toutes les quatre à cinq heures, et éteindre votre portable.

Apprenez à vous mettre en retrait (notamment du téléphone et des e-mails).
Si vous êtes « accro », commencez doucement : une heure, puis deux…

SE GARDER DE LA GESTION DU TEMPS DES AUTRES

Vous avez pu noter au chapitre 2 quelles sont les « petites voix » qui vous gouvernent. Tentez maintenant d'identifier celles qui gouvernent vos collaborateurs ; elles vous indiqueront quelles précautions prendre avec eux et quelles tâches leur confier. Pas d'illusion : vous ne les changerez pas fondamentalement, mais peut-être pourrez-vous les faire évoluer…

Avec le collaborateur « Sois parfait »

Il peut se concentrer sur des tâches importantes qui nécessitent de la précision. Il est important de connaître son cadre de référence (niveau d'exigence demandé), pour vérifier qu'il ne place pas la barre trop haut. Vous pouvez le canaliser sur de nouvelles actions qui demandent de la rigueur.

Si vous avez un tel collaborateur, vous pouvez l'aider à évoluer en lui faisant modifier son image de la perfection. Dites-lui, par exemple : « *À propos du* reporting *hebdomadaire, ce qui serait parfait pour moi, ce serait un document simple et synthétique qui tienne sur une page. Par ailleurs, quand tu me le fournis trop tôt, je le perds dans mes papiers. Deux heures avant la réunion, ce serait parfait !* »

Avec le collaborateur « Sois fort »

La difficulté est qu'il ne fait pas confiance aux autres. Vous pouvez néanmoins le pousser à travailler avec d'autres personnes, car il peut se révéler un excellent tuteur dans la mesure où, ne se sentant pas en compétition, il se détend enfin. L'essentiel est de valoriser à ses yeux les bienfaits de la communication émotionnelle et de la tolérance.

Pour inciter un « Sois fort » à tutorer un collègue, vous pouvez, par exemple, lui dire : « *Tu es rapide pour arriver aux résultats. Bravo ! Je souhaite que tu aides Julie afin qu'elle comprenne pourquoi elle n'y arrive pas. Je suis sûr que tu peux lui être utile.* » Le mélange peut être explosif, mais les deux ont à y gagner.

Avec le collaborateur « Dépêche-toi »

Il aime se stresser, mais stresse aussi les autres par ce biais. Vous pouvez le conduire à mieux gérer son temps en lui fixant des priorités avec un planning et un contrôle. C'est le meilleur moyen de lui faire prendre conscience qu'il peut réaliser les mêmes tâches plus calmement.

Vous pouvez ainsi négocier des délais avec un « Dépêche-toi » : « *Voici ce que j'attends de toi : le lundi à midi, je veux la trame de ton reporting. Je te le rends mardi matin, après arbitrage. Une heure après, tu me transmets le texte. Bloque ton créneau ! Je te demande de transférer ta ligne téléphonique auprès de ta collègue durant cette période. Enfin, tu finaliseras le reporting mardi soir à 18 heures. Je donne à tout le monde comme consigne de t'envoyer les informations à cette heure-là.* »

Avec le collaborateur « Fais plaisir »

Il faut lui rappeler de ne pas s'oublier : il y a un juste milieu entre ne penser qu'à soi et ne penser qu'à aider les autres. Dites-lui qu'il n'est pas obligé de se précipiter au secours de quelqu'un qui ne lui demande rien, c'est la première étape. Une deuxième étape peut être d'apprendre à dire « non » (voir chapitre n° 10). Enfin, montrez-lui que de nombreuses personnes sont appréciées par tous, alors qu'elles ne s'empressent pas d'aider.

Vous pouvez dire à des collaborateurs avec un fort « Fais plaisir » : « *Si nous regardons le travail que tu as fourni pour d'autres, nous constatons qu'il s'agit de tâches majoritairement en dehors de ton domaine. Les personnes concernées n'ont pas de délai impératif comme toi. Rappelle-toi l'histoire du poisson. Tu peux donner un poisson tous les jours à quelqu'un, il t'en demandera un tous les jours. Tu peux aussi lui fournir un filet. Il pourra se nourrir tous les jours tout seul et t'en sera reconnaissant…* »

Avec le collaborateur « Essaie encore »

Il se justifie par la quantité de travail qu'il fournit. Il refait toujours les choses de la même manière, oubliant souvent les résultats. Si un chiffre ou une approximation lui sont demandés, il fournit une encyclopédie complète. En plus, il estime toujours que le travail à effectuer est compliqué.

Suggérez à un « Essaie encore » de travailler en binôme avec un « Sois fort » : « *En travaillant ainsi, tu prendras conscience qu'il y a plusieurs chemins pour arriver à un résultat. Le plus important est de l'atteindre en y trouvant du plaisir.* »

Attendez-vous que vos chefs « jouent le jeu » pour commencer ?

L'exemplarité ne vient pas toujours d'en haut, vous pouvez aussi contribuer à l'éducation de tous.

Éduquez vos collaborateurs.

Soyez exemplaire et consacrez-leur vraiment du temps lorsque vous les voyez.

SYNTHÈSE

Trouver du temps est à la fois affaire de volonté personnelle et d'organisation. Vous n'êtes pas seul, et vous devez tenir compte des comportements de ceux qui partagent votre vie professionnelle (n'oubliez pas que vous avez souvent généré ces attitudes vous-même) ; moyennant quoi, vous pourrez vous discipliner et « éduquer » votre entourage. Cela veut dire d'abord faire preuve d'exemplarité en sachant vous réserver des plages de temps, ou en ne traitant que ce qui est de votre ressort. L'usage des nouveaux outils de communication est aussi une bonne école de démonstration de vos relations à autrui. Évitez, par exemple, d'avoir la page des mails sur l'écran d'accueil de votre ordinateur, et surtout la petite sonnerie qui les accompagne. Cela ne fera que davantage encourager vos correspondants à attendre une réponse immédiate. Ces outils sont faits pour faciliter votre travail, pas vous en rendre esclave. Eux, ils n'y sont pour rien si vous l'êtes ! À vous de vous maîtriser si vous ne voulez pas le devenir. Dans tous les cas, les règles de communication classiques (écoute active, reformulation, questions ouvertes) s'y appliquent pour éviter de gaspiller du temps. Enfin, comme nous l'avons déjà évoqué au chapitre 2, tout le monde n'a pas le même rapport au temps. C'est un risque parce que certains peuvent vous imposer des contraintes de temps non prévues (le « Sois parfait » avec son goût du détail, le « Dépêche-toi » avec ses actions de dernière minute), mais cela peut être aussi un avantage pour mieux faire fonctionner son équipe. Une bouteille à moitié vide peut être aussi vue comme à moitié pleine. C'est une question de regard. À vous de choisir !

Philippe est le responsable informatique de la filiale d'un grand groupe. Il gère une équipe de quatre personnes, qui se chargent principalement d'adapter localement les projets de la maison mère. Son rôle est multiple : il participe aux projets de la maison mère, recommande des solutions appropriées et assure la maintenance locale du système informatique.

Avec ses nombreuses années d'expérience, Philippe rêve de contribuer de plus en plus aux grands projets. Malheureusement, si sa direction l'y encourage, le développement des RTT et la charge croissante de travail font contrepoids.

Philippe est ainsi très souvent obligé d'intervenir, en complément ou à la place de son équipe, sur des aspects pratiques : le système qui ne démarre pas le matin, les imprimantes en réseau qui font grève, un logiciel qui ne fonctionne pas… De nature serviable, il a jusqu'à maintenant accompli ces tâches, en pensant que c'était important. Dans une petite filiale où tout le monde se connaît, rendre service à ses collègues fait partie des règles du jeu…

Toutefois, son comportement commence à avoir des contreparties non négligeables : sa participation aux grands projets et leur adaptation prennent du retard.

Impliqué dans trois projets, Philippe se rend compte qu'il a non seulement du mal à être présent aux réunions, mais aussi qu'il n'arrive plus à préparer sa contribution. Une observation sur une semaine lui révèle qu'il est interrompu toutes les cinq minutes en moyenne quand il est dans son bureau, pour de multiples raisons :

- « Tu n'as pas vu… ? » ;
- « Mon ordinateur ne marche pas. » ;
- « J'ai oublié comment… » ;
- « Quand pourras-tu… ? » ;
- « Je ne veux pas te déranger, mais… » ;
- etc.

Philippe décide alors de prendre le taureau par les cornes. Il ferme sa porte (ce qui est à l'opposé de la culture de la filiale) et y met un panneau « Ne pas déranger ». Néanmoins, ses collègues s'aperçoivent vite qu'il est seul à travers les cloisons partiellement vitrées et frappent à sa porte. Par ailleurs, un panneau n'a jamais empêché le téléphone de sonner.

Fatigué d'expliquer constamment pourquoi il a mis cet écriteau, il diffuse un message par e-mail à l'ensemble des collaborateurs en expliquant l'importance pour chacun des projets sur lesquels il travaille. Il constate très vite que les gens continuent à l'appeler en s'excusant, ou qu'ils ne semblent pas avoir lu le document.

Sommé par le directeur des systèmes d'information de la maison mère de prendre une position claire sur sa participation aux projets, il va jusqu'à mettre son téléphone systématiquement sur répondeur. Toutefois, comme la filiale est petite, les gens se déplacent ou font jouer leur hiérarchie pour lui demander d'intervenir.

Philippe se retrouve dans une situation inédite pour lui :

- sa direction insiste à la fois sur sa participation aux projets et sur l'assistance qu'il doit fournir au quotidien ;
- ses collègues de la filiale le traitent de carriériste ;
- ceux qui participent aux projets lui reprochent d'être uniquement dans l'urgence et de ne pas savoir prendre en compte le moyen terme.

Dans ces conditions, son entretien annuel se passe mal. Désespéré, il emporte alors du travail à la maison le week-end… et doit faire face aux remontrances de sa famille.

Une remarque de sa femme le sort de ce mauvais pas : « Mon responsable a adopté un système simple. Il s'isole deux à trois fois par semaine en transférant à tour de rôle ses appels sur un de ses trois collaborateurs, dont moi. En contrepartie, nous faisons de même lorsque nous avons besoin de travailler en paix. Cette technique demande juste un peu de volonté : éteindre son portable, quitter son logiciel de messagerie, transférer sa ligne et… dire poliment non aux importuns. Bien sûr, reconnaît-elle, cette attitude peut être un peu gênante au début, surtout si vous avez l'habitude d'une politique de la porte ouverte. Cependant, tu t'apercevras rapidement que tu avances bien plus vite si tu n'es pas dérangé. »

Un peu interloqué, Philippe se dit qu'il n'a pas grand-chose à perdre. Dès le lendemain, il réunit ses collaborateurs et leur explique la situation. Ils sont partagés entre l'intérêt de la démarche et la peur de ne pas savoir répondre aux appels transférés.

Pour ne pas leur forcer la main, Philippe procède par étapes. Il commence d'abord par persuader son plus proche collaborateur d'essayer pendant quinze jours. À l'issue de cette période, il fait le point avec son équipe. Mis à part deux cas d'urgence réelle, tout a bien fonctionné. Ses collègues ne se sont pas aperçus de son « absence » ou l'ont bien accepté. La majorité des demandes traitées n'étaient pas complexes ou pouvaient être reportées. Ce succès achève de convaincre le reste de l'équipe de jouer le jeu.

Fier de son succès, il décide plus loin, plus vite. Il choisit de déléguer une partie de son travail de petit dépannage à ses collaborateurs. Le retour est des plus froids : « Pas le temps ! », « A toi d'arbitrer entre le très très urgent que tu nous donnes, et l'immédiat que tu nous demandes de gérer »… La baisse de moral de ses collaborateurs pèse sur la qualité du travail de l'équipe. « J'ai tout fichu en l'air » se répète Philippe qui retombe très vite dans ses anciens travers. Il décide finalement de les réunir pour faire le point. Il comprend très vite que sa proposition de délégation a été perçue comme un transfert de « sale boulot ». Après s'être excusé pour son approche, il explique ses besoins et négocie avec son équipe. Finalement, un « tour de garde » est organisé : chacun (dont Philippe) prend en charge les petits dépannages un jour dans la semaine.

Cette rencontre aboutit même à d'autres résultats. Ses collaborateurs sont aussi demandeurs de moyens de gagner du temps. Justement, un d'entre eux a vu une présentation d'outil collaboratif qui leur permettrait de travailler plus facilement ensemble. Un autre propose de recueillir, au fil de l'eau, les demandes du matin les plus courantes et de les répertorier dans un petit document papier : le « Q.F.P. » (Questions Fréquemment Posées) ; une méthode pour inciter nombre d'utilisateurs à s'autonomiser.

Sagement, Philippe décide de limiter les nouvelles actions pour éviter que trop d'initiatives créent la confusion. L'équipe se donne un mois pour mettre en œuvre ces nouvelles démarches.

Un mois plus tard, Philippe profite d'une réunion d'équipe pour faire le point. Le tour de garde du matin a bien fonctionné, après une étape de démarrage un peu laborieuse. Le « Q.F.P. » est pratiquement prêt : en fait, 80 % des demandes peuvent se résumer en dix points. Là où le bât blesse, c'est davantage dans le rapport entre ses collaborateurs et les utilisateurs. Ces derniers lui ont remonté, au gré des rencontres, que si certains de ses équipiers passent trop de temps à vouloir tout faire jusque dans le petit détail, d'autres vont trop vite et sont souvent obligés de revenir.

Comment trouver la juste proportion dans le fait d'aider les utilisateurs ? Philippe s'aperçoit que la technique et les méthodes ne suffisent pas à mieux gérer le temps. Le facteur humain a aussi son importance. Il pense qu'il doit s'entretenir avec chaque membre de son équipe et fixer des objectifs personnalisés.

LOI DE CARLSON[1]
OU LOI DES SÉQUENCES HOMOGÈNES DE TRAVAIL

Tout travail interrompu prend plus de temps et est moins efficace que s'il est effectué de manière continue.

1. Au début des années cinquante, en Suède, le professeur Sune Carlson (1909-1999) et ses assistants chronométrèrent durant plusieurs mois le travail quotidien de différents managers. Ils constatèrent qu'ils ne travaillaient jamais plus de 20 minutes sans être interrompus.

10

Ne pas dire oui si vous avez envie de dire non !

Vous avez réussi à vous dégager du temps disponible. Néanmoins, vous êtes toujours soumis à des demandes de travail supplémentaire... Une des principales causes de perte de temps est la difficulté à dire non. En effet, il est toujours délicat de refuser d'apporter son aide à son responsable ou à un collègue serviable. Il arrive aussi que vous fassiez preuve d'autorité en refusant parfois une demande de manière abrupte. Les conséquences n'en sont pas moins dommageables. Pourquoi avons-nous peur de dire non ? Comment oser dire non ? Pouvons-nous opter pour une autre solution qu'un non frontal ? Essayez de trouver un juste milieu...

DERRIÈRE LA PEUR DE DIRE NON

Diverses raisons peuvent nous pousser à accéder systématiquement aux demandes qui nous parviennent : notre rapport à l'autorité, la crainte des réactions négatives, la peur de déplaire ou de montrer de nous une facette non encore dévoilée. Un autodiagnostic en fin de pratique vous éclairera sur vos propres motivations.

Le rapport à l'autorité

Dire non est un acte difficile. Dans notre culture managériale, le rapport hiérarchique est fort. En famille, nous apprenons le concept de l'autorité paternelle. À l'école, les relations sont fondées sur l'écoute et la non-contestation du professeur. À l'université, l'enseignement est souvent encore *ex cathedra* : le maître sait, et l'examen est la transcription de ses théories.

Gare aux contestataires ! Ils doivent être très brillants pour oser défier la parole officielle... Si cette situation vous semble normale, interrogez ceux qui ont pu suivre un enseignement dans l'univers anglo-saxon. Le professeur échange plus volontiers avec son auditoire. Il est plus facile de lui poser des questions, d'argumenter, de partager des points de vue divers. Cela ne signifie pas que l'enseignement est meilleur, les rapports sont simplement différents.

Dans la lignée de cette démarche, le « chef » en France est souvent perçu comme celui qui sait, ou du moins qui en sait plus que les autres (cette position s'estompe progressivement, mais reste encore vivace dans les milieux techniques). Qui oserait contester un tel personnage ? À l'opposé, dans la culture managériale anglo-saxonne, le chef est plutôt perçu comme un « facilitateur ». Les collaborateurs, dans un mode projet, attendent de leur responsable qu'il leur facilite le travail au quotidien en prenant les décisions attendues, en leur procurant les moyens dont ils ont besoin et en négociant en transverse avec les autres managers. Il n'a pas obligatoirement besoin d'en savoir plus qu'eux...

Dans notre culture, dire non revient à transgresser un rapport d'autorité qui est dans les normes et à instaurer un rapport de force. Nous reproduisons à notre tour ces schémas en refusant de nous l'entendre dire.

Voici une difficulté du mode projet en particulier, et de tout travail en transverse : comment être autonome dans un contexte hiérarchique fort ?

La crainte de réactions négatives

Nous avons aussi peur du jugement de notre interlocuteur et des mesures de rétorsion possibles si nous refusons d'accéder à sa demande : peut-être risque-t-il de prendre sa revanche... Il y a donc dans cette dimension non seulement un rapport de force, mais aussi une part d'émotion liée aux relations que nous établissons avec les autres.

Si ces rapports ne sont pas sains, ils peuvent se traduire sous diverses formes. Parmi elles, nous citerons :

- la passivité : la personne à qui nous disons non se retranche dans l'application stricte de ce qui lui est demandé : « Tu m'as demandé d'appeler Bernard. Je l'ai fait et il ne répond pas » au lieu de « Bernard ne répond pas, j'ai laissé un message sur son répondeur et j'ai réussi à joindre son collègue pour l'avertir de l'urgence » ;

- la manipulation : le « contournement » ou la mauvaise foi en sont de bons exemples. Certains se servent de cette approche en demandant des précisions supplémentaires pour reporter le travail demandé. Une autre forme de manipulation est exercée par des paroles comme : « Je n'ai confiance qu'en toi. » Face à un tel comportement, il est encore plus difficile de dire non de front. En revanche, si le manipulateur est découvert, il perd toute crédibilité, même s'il est de bonne foi ;

- l'agressivité : nous adoptons quelquefois cette attitude vis-à-vis de notre interlocuteur. La victime d'un rapport de force peut se venger ultérieurement, éviter les relations avec son « agresseur » ou aller jusqu'à se mettre en arrêt maladie pour signifier son opposition. Qui n'a pas connu ce genre de situation dans son entourage professionnel…

La peur de déplaire

La crainte de déplaire peut nous empêcher de dire non. Nous avons une certaine image de nous – par exemple celle d'une personne serviable et efficace –, et nous souhaitons l'entretenir. Ainsi parfois, soucieux de montrer notre disponibilité, nous ne mentionnons pas nos propres priorités à ceux qui nous demandent de leur consacrer du temps.

Par ailleurs, notre entourage peut s'être créé une image de nous et en jouer. Par exemple, vous ne voulez pas déplaire à un responsable qui vous marque sa confiance ; vous vous trouvez alors confronté à une situation difficile en termes de priorités.

Nous devons avoir conscience de l'image que nous voulons projeter. Désirons-nous paraître serviables, efficaces, parfaits, précis ? Quels risques prenons-nous à nos yeux en refusant d'effectuer une tâche ?

Les habitudes

Dire non peut être enfin perçu comme une rupture, un changement inexpliqué de comportement. Imaginez que vous ayez l'habitude de remplacer votre responsable lors de certaines réunions. Si vous avez toujours accepté de le faire, comment justifier un refus cette fois-ci ? L'effort à fournir pour s'expliquer et convaincre peut vous paraître démesuré par rapport à une simple présence à la réunion.

Sous cet angle, nous voyons l'effet de l'expérience et des habitudes. Il est plus confortable d'entretenir une habitude que d'y renoncer. Dans leur ouvrage *Petit traité de manipulation à l'usage des honnêtes gens*, Robert-Vincent Joule et Jean-Léon Beauvois montrent comment des personnes de bonne foi maintiennent la décision qu'elles ont prise (alors qu'elles pourraient en changer librement), quand ultérieurement elles réalisent qu'elle leur est préjudiciable. Ce « gel de l'expérience » nous colle à nos habitudes. Vous pouvez ainsi vous dire que vous *devez* remplacer votre responsable puisque vous le faites ordinairement.

Et vous ?

Pensez-vous souvent « Mon responsable n'appréciera pas » ?

Peut-être lui avez-vous donné cette habitude…

Ce n'est pas le délai qui compte, mais son respect.

Nous préférons les gens qui respectent les délais à ceux qui promettent de le faire sans y parvenir.

OSER DIRE NON

La première étape pour oser dire non consiste à reconnaître ses émotions. Lorsque nous n'osons pas refuser une tâche, nous nous racontons une histoire qui justifie à nos yeux notre position.

Ainsi, dans le cas pratique en fin de ce chapitre, ni le responsable de Malik ni le directeur (l'auteur de l'e-mail) ne l'agressent, et pourtant Malik ressent les faits de cette manière. S'il avait été plus disponible, il aurait pris la demande de son manager comme un signe positif de confiance. Or, parce qu'il est tendu à cause de la préparation de sa réunion qu'il pressent difficile, il se sent agressé.

Quelle histoire vous racontez-vous ?

Nous pouvons regrouper les types d'histoires selon quatre thèmes :

* « *Nous sommes tous victimes de ce système* », qui se traduit par « *Nous ne pouvons rien y faire.* » Dans ce type d'histoire, nous nous disons que ce n'est pas notre faute si nous ne pouvons pas faire ce qui nous est demandé : « Nous n'avons pas le choix ». Nous pensons que personne ne comprend (ou ne veut comprendre) la situation... L'attitude qui découle d'un tel raisonnement est le plus souvent la passivité ;

* « *Je travaille avec des imbéciles* », qui sous-entend « *Moi je suis un bon professionnel, mais pas eux.* ». Par exemple, vous en voulez à ceux qui ne font pas ce que vous leur demandez. Ce type d'histoire entraîne souvent de l'agressivité ;

* « *Je n'ai pas le choix* », qui signifie « *Ils ont raison, c'est leur droit. Je dois m'adapter.* » À la différence de la position de victime dans laquelle vous incriminez le système, vous ressentez ici la demande comme une forme d'autorité (votre responsable, la hiérarchie) à laquelle vous devez vous soumettre. Cette soumission peut se traduire par de la passivité, de la manipulation, voire de l'agressivité ;

* « *Tout cela est positif, ils reconnaissent mes compétences.* » Dans ce contexte, vous en retirez alors de la joie et de la fierté.

Êtes-vous assez lucide pour savoir quelle histoire vous vous racontez le plus souvent ?

Autodiagnostic

Pourquoi je n'ose pas dire non

Indiquez si vous êtes en accord ou non avec les affirmations suivantes.

		Oui	Non
1	Mes collègues apprécient ma disponibilité.		
2	J'ai toujours été disponible pour certaines tâches.		
3	Il faut favoriser la relation gagnant-gagnant.		
4	L'important, c'est la convivialité.		
5	Mon rôle est de répondre à mon responsable dans les temps.		
6	Je me fonde sur mon expérience.		
7	Je n'aide pas ceux qui ne m'aident pas.		
8	Je ne discute pas les demandes : les gens savent ce qu'ils font.		
9	J'aime rendre service.		
10	Plus le demandeur est haut placé, plus je lui donne la priorité.		
11	Mes collègues sont rancuniers.		
12	Les routines permettent de gagner du temps.		
13	La direction ne veut pas entendre nos priorités.		
14	Une fois que notre entourage nous a collé une étiquette, nous la conservons.		
15	Mon responsable a ses habitudes.		
16	Il faut s'entraider.		

– Si vous avez répondu « Oui » aux affirmations 1, 4, 9 et 16, vous attachez beaucoup d'importance à l'image que les autres ont de vous.

– Si vous avez répondu « Oui » aux affirmations 3, 7, 11 et 14, vous pensez avant tout aux réactions négatives provoquées par un non.

– Si vous avez répondu « Oui » aux affirmations 5, 8, 10 et 13 vous craignez l'autorité.

– Si vous avez répondu « Oui » aux affirmations 2, 6, 12 et 15 vous êtes lié par vos habitudes.

Sortir de son histoire

Vous pouvez rester prisonnier de votre histoire ou au contraire en sortir, en passant par quatre étapes.

1. **Repérez l'histoire que vous vous racontez**

    Il vous faut pour cela identifier tout d'abord vos émotions (en prenant du recul pour distinguer les faits des émotions). Vous pourrez alors reconnaître votre part de responsabilité dans une situation donnée, et accepter le fait que d'autres puissent avoir un ressenti différent du vôtre.

    Attention à votre première réaction (surtout si vous êtes fatigué) : elle peut paraître disproportionnée à votre interlocuteur qui n'a peut-être pas conscience qu'il est le énième à vous demander quelque chose, et que vous avez des contraintes pressantes.

2. **Concentrez-vous sur les faits**

    Que ce soit en réfléchissant ou en échangeant avec votre interlocuteur, partagez les faits en votre possession. Le questionnement et la reformulation peuvent être d'excellents outils pour comprendre le contexte de la demande. Cette clarification vous aidera par ailleurs à valider ou à infirmer le bien-fondé de votre histoire.

    Il va vous paraître superflu de reformuler une demande du style : « *Peux-tu me remplacer pour la réunion de 10 heures ?* ». Il est vrai que la demande est claire. Cependant, cette reformulation vous évite de passer sur un mode émotionnel. Elle peut vous permettre de mieux comprendre le besoin de votre interlocuteur. Une réponse du style « *Si j'ai bien compris, tu veux que je te remplace pour la réunion de 10 heures* » entraîne le plus souvent une explication de la part de votre interlocuteur : « *Oui, parce que…* ». Si cela n'est pas le cas, posez-lui la question directement : « *Pourquoi ?* ». Cela vous évitera toute méprise et vous laissera le temps de préparer votre réponse.
    Claude Steiner, une des grandes figures de l'Analyse Transactionnelle a créé ce qu'il appelle la « trousse de secours » pour

résoudre ce genre de conflits intérieurs (*Des scénarios et des hommes*, Desclée de Brouwer, 1992) :

	Oui	Non
La personne a-t-elle fait une demande d'aide ?		
Avez-vous envie d'aider la personne ?		
Avez-vous les moyens et les compétences pour aider la personne ?		
Ce qui est demandé relève-t-il de votre responsabilité ?		
Faites-vous moins de 50 % du travail ?		

Si vous répondez « non » à la majorité de ces questions, vous faites du sauvetage et non de l'aide. Le sauvetage est quelque chose qui vous fait plaisir et n'entraîne pas nécessairement de remerciements de votre interlocuteur.

Imaginez que ce dernier vous dise : « *Je suis ennuyé, je devrais être à cette réunion, mais je ne peux pas y aller* ». Si vous proposez spontanément de le remplacer, il aura beau jeu de dire qu'il ne vous a rien demandé explicitement (implicitement, c'est une autre question).

3. **Partagez vos émotions**

Vous pouvez exprimer ce que vous ressentez, en parlant de vous et non de votre interlocuteur. Imaginez que vous ayez besoin qu'un collaborateur reste un peu plus longtemps pour finir une tâche auquel il s'est engagé, et qu'il refuse. Vous pourriez lui dire : « *Je ressens ton départ comme un abandon. Je crains de ne pouvoir tenir les engagements promis* » et non l'agresser en lui disant « *Tu ne peux pas partir !* ». Ce comportement, qui n'est pas habituel (nous avons plutôt tendance à reporter la faute sur l'autre) permet d'évacuer ses émotions sans agresser son interlocuteur. L'échange et la compréhension (si vous souhaitez communiquer sur le même plan) sont alors facilités.

Lorsque vous exprimez vos émotions, montrez que c'est votre ressenti : votre interlocuteur peut les entendre sans se sentir interpellé. Dire ce que vous ressentez permet d'évacuer votre ressenti. Si, lors de situations catastrophiques (un hold-up dans une banque, une tragédie dont de nombreuses personnes sont témoins…), des cellules d'aide psychologique sont mises en place, c'est pour permettre aux personnes concernées d'évacuer leurs émotions. Dans le cas contraire, elles risquent d'intérioriser celles-ci et de revivre en permanence en soi cette situation.

4. Testez des solutions

Une fois le but clarifié et les émotions exprimées, vous serez plus à l'aise pour proposer des solutions et être entendu. Dans le cas cité ci-dessus, vous serez plus ouvert aux suggestions de votre collaborateur à propos d'une remise du travail tôt le lendemain matin.

Commencez votre phrase par une formulation : « *Est-ce que tu es d'accord pour…* ». Préparez votre interlocuteur non seulement à entendre votre « non », mais aussi les raisons de votre refus et des propositions de solution.

Bien savoir dire non

En pratiquant cette méthode qui consiste à savoir dire non, vous trouverez du plaisir dans le fait :

- de vous respecter : vous vous affirmez et reconnaissez que, vous aussi, vous avez des enjeux et des contraintes. Vous sortez du rôle de la « victime » (« Je n'ai pas le choix ») ou de « l'agressif » (« Je suis obligé de tout faire ») pour être vous-même ;
- d'être réaliste : vous acceptez de reconnaître la réalité de vos besoins (besoin de temps, de concentration…) et de les faire savoir ;
- de clarifier la situation : vous dites « non » à la demande, mais « oui » à la personne. Le refus est motivé par la situation, mais à une autre occasion… Cela vous sort de l'histoire « Je crains les représailles ». Attention, clarifier une situation ne veut pas dire se justifier ;
- de faire la part des choses entre aider et sauver quelqu'un.

Au final, vous êtes prêt à accepter que les autres disent aussi « non » à une de vos demandes et « oui » à vous.

Et vous ?

« Chez nous, c'est TTS (tout, tout de suite) ! »

Cette situation est plus confortable pour les demandeurs, mais se servent-ils de tout, tout de suite ?

Savoir dire non, c'est aussi respecter son interlocuteur.

Dire non intelligemment implique d'entrer en communication avec son interlocuteur et de bien prendre en compte sa demande.

LES ALTERNATIVES AU NON

Il existe de nombreuses alternatives au non, voici les trois principales.

La méthode des 4 P : Pourquoi ? Pourquoi ? Pourquoi ? Pourquoi ?

Cette méthode permet de préciser les demandes de manière très efficace, pour revenir à l'essentiel : le besoin à satisfaire. Lorsqu'un collaborateur vous sollicite pour un « service » pressé, interrogez-le en retour sur les raisons de l'urgence.

Imaginons que le collaborateur qui refuse de rester plus tard utilise cette approche avec vous. Elle vous aurait permis de savoir si vous faisiez du travail le soir même une question de principe ou non (« Le rapport doit partir ce soir pour X raisons. »). Elle l'aurait peut-être aussi conduit à prendre conscience de ses besoins.

Négocier par le truchement de la forme

Il y a vingt ans en France, un rapport était une véritable rédaction avec une introduction, un long développement et une conclusion. Depuis, l'usage du fax puis de l'e-mail, l'absence de secrétaire et le manque de temps ont fait prendre des habitudes opposées : une page de synthèse suffit, et tout le reste est remisé en annexe.

Négocier par la forme, c'est aller à l'essentiel en se posant quelques questions : toutes les données demandées sont-elles nécessaires à la même date ? Une approximation fournie rapidement suffit-elle dans un premier temps ? Un retour sous une forme simplifiée convient-il, ou faut-il une présentation officielle soignée ?

Très souvent, l'application de la loi de Pareto suffit : en 20 % du temps, vous obtenez 80 % des résultats nécessaires. Cette méthode peut vous offrir un répit pour apporter les dernières informations.

Connaître le véritable délai

L'ennemi est le fameux ASAP[1]. Que signifie exactement une telle formule : tout de suite, ou dès que vous avez le temps ? Il est important de bien négocier votre délai, en différenciant :

- le délai précis réel : tous les éléments sont-ils nécessaires à la date fixée, ou pouvez-vous « tronçonner » les livrables ?
- le délai précis exagéré (vous avez des éléments factuels pour l'apprécier), qui peut être négocié ;
- le délai vague donc dangereux (« Pour la fin de la semaine » ou « ASAP »), qu'il faudra vous faire préciser.

Pour discuter un délai, vous devez impérativement comprendre le besoin réel de votre interlocuteur, afin de lui proposer une échéance en conséquence.

Avez-vous coutume de dire : « Nous sommes débordés : nous n'avons pas le temps de revenir sur le travail effectué. »

Vous êtes un lifophile (de LIFO[2]). Et votre travail de fond, que devient-il ?

La réactivité appelle la réactivité.

Plus vous serez taillable et corvéable, plus les gens en profiteront. Bon courage !

Et vous ?

---

1. _As Soon As Possible_, dès que possible.
2. _Last In First Out_ : dernier arrivé, premier parti.

SYNTHÈSE

Dans une culture d'autorité, dire « non » passe pour une forme de rébellion. Ne dit-on pas que l'art de la diplomatie est de dire « oui » pour dire « peut-être » et « peut-être » pour dire « non » ? Apprendre à dire non passe d'abord par une phase de réflexion sur soi-même, sur les histoires que vous vous racontez, l'image que vous pensez donner et sur celle que l'on souhaite projeter.

Il ne s'agit pas de s'opposer pour le principe ou le goût du rapport de force, mais d'être au clair si vous avez envie ou non d'aider la personne pour cette demande-là et de pouvoir calmement lui présenter votre décision. La « trousse de secours » vous apprend ainsi à bien faire la part entre l'aide (« Être volontaire pour aider, tout en n'accomplissant qu'une partie de la tâche pour en laisser la responsabilité à l'autre ») et le sauvetage (« Faire à la place de, parce que vous pensez que c'est pour son bien »).

Cette mise en forme permet de mieux tirer parti des méthodes proposées : démêler faits et émotions, exprimer ces dernières, clarifier les délais… En dehors des réels cas d'urgence ou des crises d'autoritarisme, elle conduit à proposer plus souvent des solutions constructives. Vous serez le premier surpris de l'accueil que vous recevrez et vous entrerez dans une spirale positive, qui fera que vous serez d'autant mieux reconnu que vous saurez dire oui ou non de manière adaptée (ce qui est à l'encontre peut-être des histoires que vous vous racontez).

Cas pratique

Malik est responsable technique d'une unité régionale d'une entreprise travaillant dans le domaine de l'énergie. Son rôle est à la fois simple et complexe : dimensionner à la taille optimale les tuyaux qui composent le réseau, en tenant compte des besoins actuels et futurs. Il tente de trouver un équilibre entre les souhaits :

- de l'exploitation (prévoir large) ;
- du commercial (l'offre doit précéder la demande, car celle-ci n'attend pas et une autre forme d'énergie peut être choisie) ;
- de la finance (faire au plus juste et au plus près de la demande, pour avoir des recettes en même temps que les dépenses) ;

- du responsable des achats et des appels d'offres (lancer le plus en amont possible les appels d'offres).

Choisi pour ses talents de négociateur et sa grande capacité d'écoute, Malik est confronté à une tâche difficile, compte tenu de la personnalité de ses interlocuteurs et des intérêts en jeu. L'exploitation joue sur les risques de saturation. Les finances font traîner les délais d'approbation des budgets. Le commercial surestime les besoins, et le responsable des achats les délais en amont.

Aujourd'hui, Malik prépare la réunion mensuelle de coordination, qui va porter notamment sur la ZAC des Petits Champs à Bloigny. Cette rencontre est importante. Les intempéries ont retardé le début des travaux préliminaires, les commerciaux ont fait savoir qu'il y avait de gros contrats à la clef si…, les financiers crient haut et fort que les temps sont durs et qu'il faut réduire les budgets prévisionnels. Bref, une ambiance classique…

Pour organiser la réunion, négocier en amont avec chaque partie et définir le temps imparti aux différents sujets durant la réunion, Malik a bien besoin de sa journée. Il a donc libéré son temps en conséquence.

C'était compter sans le téléphone : à 9 h 30, Yves, son manager, alors en comité de direction, l'appelle pour lui demander d'être présent à sa place dans une autre réunion. Celle-ci a un caractère « stratégique » ; il est donc important que le service y soit représenté. Bien sûr, Yves est conscient de la charge de travail de son collaborateur. Il sait aussi qu'il pourrait demander à un autre de ses collègues de le remplacer, mais il préfère que ce soit Malik, car il sait qu'il peut compter sur lui. Il n'y aura rien d'exceptionnel à dire ou à faire, puisqu'il s'agit d'avaliser des décisions plus ou moins déjà prises. Un dossier est déjà à sa disposition au secrétariat : il devra simplement s'assurer que les engagements prévus sont respectés.

Malik a conscience que son patron lui témoigne de la confiance à travers cette requête. Il est cependant inquiet du temps qu'elle va lui prendre. « Une heure, c'est une heure, se dit-il. Or il faut que j'aie terminé ma propre préparation avant d'appeler mes interlocuteurs en milieu d'après-midi. Une fois de plus, mon déjeuner va sauter ! » Malik cherche à parer au mieux en déléguant certaines tâches à ses collaborateurs.

Revenu de sa réunion, il trouve sur son bureau la copie de l'e-mail d'un directeur à son manager lui demandant des informations « à caractère urgent ». Le manager en question a écrit en marge : « Je sais que tu es surchargé. Toutefois, voici une excellente opportunité de valoriser ton travail auprès d'un responsable qui te connaît peu. Je compte sur toi pour trouver une solution rapide et efficace. Je suis sûr que ta réunion se passera bien demain. »

Malik s'énerve en regardant le détail de la demande. Il en a pour deux heures au moins, car il dispose effectivement des données, mais pas selon la même nomenclature. Il doit donc tout reconstruire. Si une partie du travail peut être réalisée par des membres de son équipe, il devra consolider l'ensemble.

Même s'il ne voit pas l'urgence de la demande, il ne se sent pas capable de dire non à un grand directeur. Il réfléchit quelques instants, puis tout à coup a une idée. Il étudie à nouveau l'e-mail et bâtit une grille de questions complémentaires à destination du demandeur : « Dans le souci de répondre correctement à votre demande, j'ai besoin au préalable de quelques précisions :

- Les données souhaitées sont-elles en année calendaire ou en année glissante ?

- Devons-nous inclure les projets validés par le national ou uniquement ceux validés par le comité régional ?

- etc. »

Ces questions – un peu tordues reconnaît-il – lui permettent de gagner quelques heures : « S'il répond cet après-midi, ce sera toujours autant de temps gagné pour moi. D'ici là, j'aurai avancé sur ma réunion et avec un peu de chance, je pourrai lui répondre demain après la réunion de coordination. »

Malik ne se sent pas très fier de lui. Il utilise de temps à autre cette ficelle et craint qu'on ne la lui reproche. Son e-mail envoyé, il se remet à la préparation de sa réunion, puis déjeune rapidement d'un sandwich sur le coin de son bureau. Après avoir terminé ses travaux préliminaires, il commence ses entretiens téléphoniques en prévision de la rencontre du lendemain.

À mi-parcours, il réalise qu'il lui faut préparer d'autres données pour convaincre certaines parties. Il appelle alors à l'aide l'un de ses collaborateurs pour terminer dans les temps. Quelle n'est pas sa surprise quand celui-ci lui annonce qu'il doit partir à 18 heures pour aller jouer au squash ! Il propose, en revanche, de terminer le travail tôt le lendemain matin : « Tu comprends, c'est la seule heure disponible pour faire un peu de sport. J'ai terminé toute la semaine à 20 heures et j'ai besoin de prendre un peu de recul. »

Pris de court, Malik s'énerve, tance son collaborateur et lui refuse le droit de partir à 18 heures. Il insiste tant et si bien que son interlocuteur accepte de rester. Une fois seul, Malik se sent mal à l'aise. Il s'en veut d'avoir dû utiliser la menace. Était-ce si important d'avoir les données ce soir ? Cela ne pouvait-il pas attendre le lendemain matin, comme le suggérait son collaborateur ?

Il n'a pas non plus été cohérent avec lui-même en faisant le contraire de ce qu'il préconisait. « Mais comment leur dire non autrement ? » se demande-t-il en se remémorant le déroulement de sa journée.

Malik a du mal à dire non, mais a-t-il de bonnes raisons d'accepter les demandes qui lui sont faites ? Son responsable lui montre sa confiance : pourquoi lui déplaire ? Un directeur haut placé a besoin de données : peut-il s'y opposer ? Malik confond ici la forme et le fond. Son responsable n'a peut-être pas conscience de ses efforts, et son collaborateur n'a probablement pas apprécié son attitude.

Dès le lendemain matin, Malik va voir son collaborateur : Il décrit factuellement la situation d'hier, puis lui fait part de son ressenti : « je me suis énervé parce que j'ai vécu une journée difficile. Voilà ce que je ressens à propos de ton attitude : j'ai perdu mon calme parce que j'avais peur de ne pas y arriver. Je voulais m'en excuser et je regrette de t'avoir mis dans cette situation. Je te propose qu'à l'avenir nous trouvions d'autres solutions pour nous entendre… ». Touché par cet aveu, son collaborateur s'excuse à son tour de n'avoir pris le temps d'écouter ce que Malik lui disait et d'avoir pu paraître désinvolte.

Cette situation rétablie, Malik appelle le directeur avant même d'avoir reçu le mail en retour et lui propose le choix entre une réponse indicative dans les dix minutes ou une réponse exacte sous une journée. Ce dernier réfléchit quelques instants et déclare qu'une réponse approchée lui suffit. Il a besoin simplement d'un ordre d'idée.

Malik peut partir plus sereinement à sa réunion à Bloigny en se promettant, à son retour, de rencontrer son responsable pour le remercier de la confiance accordée en l'envoyant en réunion à sa place, et en lui proposant une solution alternative (un de ses collaborateurs) sur ce sujet en cas d'indisponibilité.

LOI DE PARETO[1]

20 % des moyens permettent d'atteindre 80 % des objectifs.

1. La Loi de Pareto, aussi appelée « loi des 80/20 », est une loi empirique qui correspond aux observations de Vilfredo Pareto, sociologue et économiste italien. Cette loi décrit une inégalité présente dans un grand nombre de phénomènes.

En guise de synthèse

Il y a quelques milliers d'années, un philosophe grec du nom d'Aristote médita sur une question simple d'apparence : qu'est-ce qu'une *bonne* vie ? Comment pouvons-nous dire si nous avons passé notre temps de bonne manière ?

À son époque, Aristote enseigna trois choses :

- Nous sommes faits pour une vie sociale, que ce soit dans notre vie privée ou dans notre vie professionnelle. Il n'est pas question de vivre isolé : nous ne nous réalisons qu'au contact des autres, et en les aidant à se réaliser. Nous nous devons d'enseigner, d'écrire, d'apprendre…

- Notre rôle, au travail, est de créer les conditions dans lesquelles nos collaborateurs (Aristote parlait de « notre entourage ») pourront progresser. Même si les entreprises parlent aujourd'hui d'organisation « apprenante », nous constatons malheureusement que peu d'entre elles font des efforts pour aider leurs salariés à développer pleinement leur potentiel. Le rôle de tout manager est d'y contribuer dans son propre environnement.

- Une « bonne » vie requiert de l'anticipation, de la détermination et la volonté de gérer ses priorités. Il est important de ne pas se laisser aller au hasard. Ce troisième enseignement est peut-être le plus important.

Comment pouvons-nous croire que nous sommes capables d'animer une équipe, si nous ne savons pas nous manager nous-même ?

Voici les principes à retenir :

- ayez une vue globale sur vos souhaits (voir ci-après) ;

- donnez-vous des axes de progrès ;

- définissez un plan d'action (voir ci-après) ;

- commencez par une action simple à mettre en œuvre, et qui offre un retour rapide (n'entreprenez qu'une seule action à la fois !) ;
- appliquez la règle des 2-4 : deux semaines pour intégrer une nouvelle pratique, quatre semaines pour en faire une habitude ;
- au bout des quatre semaines, choisissez une nouvelle action et recommencez.

Bonne chance et bon courage !

Une dernière histoire

Pourquoi vouloir prioriser son temps ?

Voici une histoire réelle : un musicien se tient debout à l'entrée d'une station de métro. C'est un matin froid de janvier. Il est huit heures du matin. L'homme va jouer du violon pendant quarante-cinq minutes et durant cette période, plus de mille personnes vont passer devant lui, certains l'écoutant quelques instants, quand la grande majorité passera sans un regard, ni un geste vers le petit pot où il recueille de l'argent. Enfin, n'exagérons pas : les enfants, en général, auraient bien voulu l'entendre plus long-temps mais leurs parents n'en avaient cure. Les comptes sont là : mille personnes passent, sept se sont vraiment arrêtées et une vingtaine lui a donné de l'argent tout en continuant de marcher. Recette du « concert » : 32 dollars. Des dollars, parce que la scène se passe à Washington aux USA. Le musicien est Joshua Bell, un des plus grands violonistes actuels. Les morceaux joués : du Bach et du Schubert. Son violon : un Stradivarius de 1713 estimé à 3,5 millions de dollars. Il joue ce matin-là dans le cadre d'une étude faite par le quotidien *Washington Post* sur la perception, les goûts et les priorités des gens.

Une des analyses rapides de cet article peut être que si nous ne pouvons reconnaître un véritable artiste, ni ne nous donner le temps d'écouter de tels chefs-d'œuvre, à côté de combien d'autres choses passons-nous ?

Il y a pourtant d'autres aspects à prendre en compte : cette perte de la capacité à apprécier la beauté n'est pas seulement liée à notre rythme de vie trépidante, mais aussi à la surabondance de la beauté. Les médias (télévision, journaux, internet) et les voyages ont mis à notre portée plein d'occasions de côtoyer des objets, sons, sites… qui sont magnifiques. Alors, sommes-nous peut-être blasés ?

Ou bien encore pouvons-nous risquer d'être en retard pour cause de violon ?

Peut-être aussi que les personnes pressées ont apprécié les quelques secondes grappillées en passant devant lui.

Et puis, pour apprécier la musique faut-il être en état de disponibilité ? Vous pouvez apprécier la bonne cuisine et être un fin gourmet, tout en vous nourrissant d'un sandwich quand vous n'avez pas le choix.

Il y a toutes sortes de raisons, et vous pouvez y ajouter les vôtres.

Dostoïevski disait : « La beauté sauvera le monde ». Alors, si vous ne trouvez pas de raison pour prioriser vos actions et gagner du temps, en voici une qui mérite votre attention : prioriser son temps, c'est décider ce que l'on veut en faire, comme par exemple, en gagner un peu, juste de quoi se donner le droit de s'arrêter pour écouter et voir le monde qui nous entoure.

Comment améliorer
votre gestion des priorités ?

À partir de quelques outils présentés dans ce livre, voici une approche de la méthode « FOCUS ».

	Les outils dont vous pouvez vous servir	Vos observations et actions
Faits	• Répartition de votre temps de travail (chap. 1) • Test messages contraignants (chap. 2) • Votre mode d'organisation privilégié (chap. 2)	
Objectifs	• Exercice de la vision (chap. 3 & 4) • Motivation (chap. 4) • Tableau de bord (chap. 4)	
Compétences	• Construire votre grille des priorités (chap. 5) • Repérer vos voleurs de temps (chap. 5) • Savoir équilibrer ses vies (chap. 6)	
Usages	• Séparer les faits des émotions (chap. 7) • S'ouvrir à son environnement (chap. 8) • Partager l'information (chap. 8)	
Savoir-faire	• Se réserver du temps (chap. 9) • Se garder de la gestion du temps des autres (chap. 9) • Oser dire non (chap. 10)	

Votre plan de progrès

THÈME		
Objectifs	**Critères de mesures**	**Moyens associés**
Bénéfices		**Risques si objectifs non atteints**
Action	**Date**	**Comment ?**

Bibliographie

Méthodes générales de gestion des priorités

COVEY S., *Priorité aux priorités*, First, 1995.

COVEY S., *Les sept habitudes de ceux qui réalisent tout ce qu'ils entreprennent*, First, 2005.

CSIKSZENTMIHALYI M., *Mieux vivre en maîtrisant votre énergie psychique*, Pocket, 2006.

DELIVRÉ F., *Question de temps*, Interéditions, 2002.

GLEESON K., *Mieux s'organiser pour gagner du temps*, Maxima, 2005.

GOZ A., *Your Journey to Personal Effectiveness*, Gal publications Israel, 2007.

HONORÉ C., *Éloge de la lenteur*, Marabout, 2005.

Leadership et management

ALBERT É., *Le manager durable*, Éditions d'Organisation, 2004.

BLANCHARD K., JOHNSON S., *Le manager minute*, Eyrolles, 2006.

CAUVIN P., *La cohésion des équipes*, ESF, 2003.

CAYATTE R., *Bâtir une équipe performante et motivée*, Éditions d'Organisation, 2007.

CAYATTE R., *Motivez pour gagner*, ESF, 2008.

CAYATTE R., RODACH G., *Les clés de l'employabilité*, Éditions Liaisons, 2006.

CAYATTE R., RODACH G., *Une vague à douze temps*, Éditions Liaisons.

CHARAN R., BOSSIDY L., *Tout est dans l'exécution*, First Éditions, 2003.

RODACH G., *Faire appliquer ses décisions*, Eyrolles, 2009.

RODACH G., *Trouver sa voie*, ESF, 2009

ROSNAY J. (DE), *Macrocosme*, Seuil, 1999.

Communication

BERNE É., DILÉ L., *Des jeux et des hommes*, Stock, 1996.

CHALVIN D., *Développez votre intelligence relationnelle*, ESF, 2003.

JOULE R.-V., BEAUVOIS J.-L., *Petit traité de manipulation à l'usage des honnêtes gens*, Presses Universitaire de Grenoble, 2004.

PATTERSON K., GRENNY J., MCMILLAN R., SWITZLER A., COVERY S. R., *Crucial Conversations*, McGraw-Hill, 2002.

ROSENBERG M., *Les mots sont des fenêtres*, La Découverte, 2004.

STEWARD I., JOINES, V., *Manuel d'analyse transactionnelle*, InterÉditions, 2005.

Créativité

AZNAR G., *Idées — 100 techniques de créativité pour les produire et les gérer*, Éditions d'Organisation, 2005.

BONO E. (DE), *Les six chapeaux de la réflexion*, Eyrolles, 2005.

BUZAN T., *Mind Map*, Éditions d'Organisation, 2003.

Organisation

DES MESNARDS P.-H., *Analyser les besoins des clients*, Éditions d'Organisation, 2007.

FERNANDEZ A., *L'essentiel du tableau de bord*, Eyrolles, 2008.

FERNANDEZ A., *Le chef de projet efficace*, Éditions d'Organisation, 2005.

GEORGES P. M., *Gagner en efficacité en équipe*, Éditions d'Organisation, 2004.

GOLDRATT E., *Le but : un processus de progrès permanent*, AFNOR, 2006.

KAPLAN R. S., NORTON D. P., *Le tableau de bord prospectif*, Éditions d'Organisation, 2003.

MARCHAT H., *Le kit du chef de projet*, Éditions d'Organisation, 2004.

RODACH G., *Mettre en place une stratégie gagnante*, ESF, 2009.

Index